中职升学考试丛书

数学专项训练

SHUXUE ZHUANXIANG XUNLIAN

（第二版）

主　编　郑常秀

副主编　段　丹　朱忠川　张金玲

参　编　孙　殷　唐天芳　马莹莹　王传敏　何红军　夏　雪　马彦琳

王兆顺　余　维　秦晓燕　周梦璐　周爱蓉　田兆余　时刚刚

李江露　贺　良

重庆大学出版社

图书在版编目(CIP)数据

数学专项训练／郑常秀主编. -- 2 版. -- 重庆：重
庆大学出版社，2023.1(2024.8 重印)
(中职升学考试丛书)
ISBN 978-7-5689-2252-4

Ⅰ.①数… Ⅱ.①郑 Ⅲ.①数学课—中等专业学校
—升学参考资料 Ⅳ.①G634.603

中国版本图书馆 CIP 数据核字(2023)第 003276 号

中职升学考试丛书
数学专项训练
(第二版)

主 编 郑常秀

副主编 段 丹 朱忠川 张金玲
责任编辑:章 可 版式设计:章 可
责任校对:刘志刚 责任印制:赵 晟

*

重庆大学出版社出版发行
出版人:陈晓阳
社址:重庆市沙坪坝区大学城西路 21 号
邮编:401331
电话:(023) 88617190 88617185(中小学)
传真:(023) 88617186 88617166
网址:http://www.cqup.com.cn
邮箱:fxk@ cqup.com.cn (营销中心)
全国新华书店经销
重庆天旭印务有限责任公司印刷

*

开本:787mm×1092mm 1/16 印张:9 字数:193千
2020 年 8 月第 1 版 2023 年 1 月第 2 版 2024 年 8 月第 8 次印刷
ISBN 978-7-5689-2252-4 定价:28.00 元

本书依据重庆市高职分类考试大纲,结合历年高职分类考试试题,经过细致分析、精心研究编写而成,全书分为"选择题"专项训练和"解答题"专项训练两部分。"选择题"专项训练包括集合、逻辑用语、不等式(组)、函数、三角函数、数列、平面解析几何、排列组合 8 个单元;"解答题"专项训练包括不等式(组)、函数、数列、三角函数、平面解析几何 5 个单元。

书中每个单元都通过思维导图对本单元的知识点进行了梳理,回顾了本单元的重要概念和公式,然后选择了有代表性的例题进行讲解,在部分例题后设置了对应的练习,在完成每小节的学习后,还有针对性的综合练习进行检测。本书的作用为强化学生对重要内容的理解和掌握。

本书由长期从事高职分类考试数学教学工作、教学经验特别丰富的高、中级骨干教师编写。书中题目的难度贴近高职分类考试数学考试试题的难度,是一本针对性较强的复习用书。

本书可供学生在第二轮复习或冲刺复习时使用。希望本书能为老师和同学们提供帮助,同时真诚地欢迎各位老师和同学对本书提出意见和建议。

编 者

2022 年 12 月

≪ 目 录

第一部分
"选择题"专项训练

第一单元　集　合

◆ 主要考点思维导图 ◆

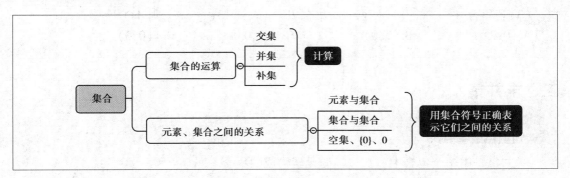

一、求交集

知识点或考点

　　交集是由两个集合中_____的元素构成的集合.

【例1】　(1)设集合 $A=\{1,2\}$,集合 $B=\{-1,0,1\}$,则 $A\cap B=($　　　$)$.

A.$\{1\}$　　　　　　B.$\{-1,0,1\}$　　　　C.$\{-1,0,2\}$　　　　D.$\{-1,0,1,2\}$

(2)设集合 $A=\{x\,|\,x>2\}$,集合 $B=\{x\,|\,-3\leqslant x\leqslant 5\}$,则 $A\cap B=($　　　$)$.

A.$\{x\,|\,-3\leqslant x\leqslant 5\}$　　B.$\{x\,|\,x>2\}$　　　　C.$\{x\,|\,x\geqslant -3\}$　　　　D.$\{x\,|\,2<x\leqslant 5\}$

(3)若集合 $A=\{(x,y)\,|\,2x+y=2\}$,集合 $B=\{(x,y)\,|\,x-y=-5\}$,则 $A\cap B=($　　　$)$.

A.$(-1,4)$　　　　　B.$\{(-1,4)\}$　　　　C.$\{-1,4\}$　　　　D.$\{(4,-1)\}$

解析:

(1)选 A.

(2)画数轴求交集,如图所示,故选 D.

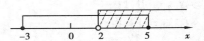

(3) $\begin{cases} 2x+y=2 \\ x-y=-5 \end{cases} \Rightarrow \begin{cases} x=-1 \\ y=4 \end{cases}$，故选 B.

🔍 **温馨提示**：$\{(-1,4)\}$，$\{(4,-1)\}$，$\{-1,4\}$ 是不同的集合.

📖 **【牛刀小试】**

(1) 设集合 $A=\{a,c,e\}$，集合 $B=\{b,c,e\}$，则 $A\cap B=(\quad)$.

A. $\varnothing$　　　　　　B. $\{a,b\}$　　　　　　C. $\{c,e\}$　　　　　　D. $\{a,b,c,e\}$

(2) 设集合 $A=\{x\mid-2<x<6\}$，集合 $B=\{x\mid-1\leqslant x\leqslant 8\}$，则 $A\cap B=(\quad)$.

A. $\{-1,0,1,2,3,4,5\}$　　　　　　　　B. $\{x\mid-1\leqslant x<6\}$

C. $\{-1,0,1,2,3,4,5,6,7,8\}$　　　　D. $\{x\mid-2<x\leqslant 8\}$

(3) 若集合 $A=\{(x,y)\mid x-2y=3\}$，集合 $B=\{(x,y)\mid 3x-y=9\}$，则 $A\cap B=(\quad)$.

A. $\{0,3\}$　　　　B. $(3,0)$　　　　C. $\{(3,0)\}$　　　　D. $\{(0,3)\}$

二、求并集

➡ **知识点或考点**

　　并集是由两个集合中_____的元素构成的集合.

【例2】　(1) 已知集合 $A=\{1,2,3\}$，$B=\{1,3,5\}$，则 $A\cup B=(\quad)$.

A. $\{1\}$　　　　　　B. $\{1,3\}$　　　　　　C. $\{2,5\}$　　　　　　D. $\{1,2,3,5\}$

(2) 设集合 $A=\{x\mid x>2\}$，集合 $B=\{x\mid-3\leqslant x\leqslant 5\}$，则 $A\cup B=(\quad)$.

A. $\{x\mid-3\leqslant x\leqslant 5\}$　　B. $\{x\mid x>2\}$　　　　C. $\{x\mid x\geqslant-3\}$　　　　D. $\{x\mid 2<x\leqslant 5\}$

解析：

(1) 选 D.

(2) 画数轴求并集，如图所示，故选 C.

📖 **【牛刀小试】**

(1) 设集合 $A=\{x\mid x<3,x\in\mathbf{N}\}$，集合 $B=\{-1,1\}$，则 $A\cup B=(\quad)$.

A. $\{1\}$　　　　　　B. $\{0,2\}$　　　　　　C. $\{-1,0,1,2\}$　　　　D. $\{x\mid x<3,x\in\mathbf{N}\}$

(2) 设集合 $A=\{x\mid-3\leqslant x\leqslant 1\}$，集合 $B=\{x\mid-1\leqslant x\leqslant 2\}$，则 $A\cup B=(\quad)$.

A. $\{-1,0,1\}$　　　　　　　　　　　　B. $\{-3,-2,-1,0,1,2\}$

C. $\{x\mid-1\leqslant x\leqslant 1\}$　　　　　D. $\{x\mid-3\leqslant x\leqslant 2\}$

三、求补集

知识点或考点

在全集 U 中,若集合 A 是 U 的一个子集,则由在集合 U 中_____的元素构成的集合,称为集合 A 在 U 中的补集.

【例3】 已知全集 $U=\{1,2,3,4,5\}$,集合 $A=\{1,3,5\}$,则 $\complement_U A=$ ( ).
A. $\varnothing$ B. $\{2,4\}$ C. $\{1,3,5\}$ D. $\{1,2,3,4,5\}$
解析:选 B.

【牛刀小试】

(1)设集合 $U=\{$ 不大于 5 的自然数 $\}$,集合 $A=\{1,3,4\}$,则 $\complement_U A=$ ( ).
A. $\{2\}$ B. $\{0,2\}$ C. $\{2,5\}$ D. $\{0,2,5\}$
(2)设全集 $U=\{-2,-1,0,1,2,3\}$,集合 $A=\{-1,0,1,2\}$,集合 $B=\{-1,1,2,3\}$,则 $\complement_U(A\cap B)=$ ( ).
A. $\{-2\}$ B. $\{-1,1,2\}$ C. $\{-2,0,3\}$ D. $\{-2,-1,0,1,2,3\}$

四、符号 "$\in$, $\notin$, $\subsetneqq$, $\supsetneqq$, $\not\subset$, $=$" 的正确表示

知识点或考点

(1)符号 "$\in$,$\notin$" 表示的是_____与_____之间的关系;
符号 "$\subsetneqq$,$\supsetneqq$,$\not\subset$,$=$" 表示的是_____与_____之间的关系.
(2)理清 "$0,\{0\},\varnothing$" 三者之间的关系:
"0" 表示元素 0;"$\{0\}$" 表示由 0 元素构成的集合;"$\varnothing$" 表示无任何元素的集合.

【例4】 (1)若 $a=\sqrt{3}$,集合 $A=\{x\mid x>1\}$,则下列表述正确的是( ).
A. $a\notin A$ B. $a\subsetneqq A$ C. $\{a\}\in A$ D. $\{a\}\subsetneqq A$
(2)下列表示不正确的是( ).
A. $0\in\{0\}$ B. $0\notin\varnothing$ C. $\varnothing\in\{0\}$ D. $\varnothing\subsetneqq\{0\}$
解析:
(1)选 D.
(2)选 C.

📋【牛刀小试】

(1)若 $a=2$,集合 $A=\{x\,|\,x<\sqrt{3}\}$,则下列表述正确的是(　　).

A.$a\notin A$　　　　　　B.$a\in A$　　　　　　C.$a\subsetneqq A$　　　　　　D.$\{a\}\subsetneqq A$

(2)下列表示正确的是(　　).

A.$0=\{0\}$　　　　　　B.$0=\varnothing$　　　　　　C.$\varnothing=\{0\}$　　　　　　D.$\varnothing\subsetneqq\{0\}$

五、"$|A|$"表示集合 A 中元素的数目

【例5】　若集合 $A=\{-1,0,1\}$,集合 $B=\{0,1,2\}$,则 $|A\cup B|=$(　　).

A.2　　　　　　B.3　　　　　　C.4　　　　　　D.6

解析:因为 $A\cup B=\{-1,0,1,2\}$,故选 C.

📋【牛刀小试】

若集合 $A=\{1,2,3,4\}$,集合 $B=\{3,5\}$,则 $|A\cap B|=$(　　).

A.$\{3\}$　　　　　　B.1　　　　　　C.4　　　　　　D.5

六、求子集、真子集

【例6】　若集合 $A=\{1,2\}$,则集合 A 的真子集是(　　).

A.$\varnothing$　　　　　　B.$\{1\},\{2\}$　　　　　　C.$\varnothing,\{1\},\{2\}$　　　　　　D.$\varnothing,\{1\},\{2\},\{1,2\}$

解析:根据真子集的定义,空集是任何非空集合的真子集,所以集合 A 的真子集是 $\varnothing$,$\{1\},\{2\}$,故选 C.

📋【牛刀小试】

集合 $\{0,1\}$ 的所有真子集为(　　).

A.$\{0\},\{1\}$　　　　　　　　　　　　B.$\varnothing,\{0\},\{1\}$

C.$\{0\},\{1\},\{0,1\}$　　　　　　　　D.$\varnothing,\{0\},\{1\},\{0,1\}$

◉ 【挑战过关】

1.若集合 $A=\{-1,0,1,3\}$,集合 $B=\{0,1,2\}$,则 $A\cap B=($　　).

　A.$\{-1,0,1,2,3\}$　　　B.$\{-1,2,3\}$　　　　C.$\{0,1\}$　　　　　　D.$\{-1\}$

2.若集合 $A=\{-1,0,1,3\}$,集合 $B=\{0,1,2\}$,则 $A\cup B=($　　).

　A.$\{-1,0,1,2,3\}$　　　B.$\{-1,2,3\}$　　　　C.$\{0,1\}$　　　　　　D.$\{-1\}$

3.若集合 $A=\{a\,|\,a<3\}$,$a=4$,则(　　).

　A.$a\notin A$　　　　　　B.$\{a\}\in A$　　　　　C.$a\subsetneqq A$　　　　D.$\{a\}\subsetneqq A$

4.若全集 $U=\{1,2,3,4,5\}$,集合 $A=\{1,3\}$,集合 $B=\{1,2,5\}$,则 $\complement_U A\cap B=($　　).

　A.$\{4\}$　　　　　　　　B.$\{2,5\}$　　　　　　C.$\{1,5\}$　　　　　　D.$\{1\}$

5.设全集 $U=\{n\,|\,n\in\mathbf{N},$ 且 $n<5\}$,$A=\{1,3\}$,$B=\{2,4\}$,则 $\complement_U(A\cup B)=($　　).

　A.$\{1,2,3,4\}$　　　　B.$\{0\}$　　　　　　　C.$\{0,1\}$　　　　　D.$\{5\}$

6.若集合 $A=\{a,c\}$,集合 $B=\{b,c,d\}$,则 $|A\cap B|=($　　).

　A.0　　　　　　　　　　B.1　　　　　　　　　C.2　　　　　　　　D.4

7.设集合 $A=\{x\,|\,x>-1\}$,集合 $B=\{x\,|\,x\leqslant 3\}$,则 $A\cap B=($　　).

　A.$\{1,2,3\}$　　　　　B.$\{0,1,2,3\}$　　　　C.$\{x\,|\,-1<x\leqslant 3\}$　　D.$\{x\,|\,x\leqslant 3\}$

8.设集合 $A=\{(x,y)\,|\,x+y=4\}$,集合 $B=\{(x,y)\,|\,3x+y=6\}$,则 $A\cap B=($　　).

　A.$(1,3)$　　　　　　　B.$\{1,3\}$　　　　　　C.$\{(1,3)\}$　　　　D.$\{(3,1)\}$

9.设全集 $U=\{1,2,3,4\}$,集合 $A=\{1,2,3\}$,集合 $B=\{2,4\}$,则 $\complement_U A\cup B=($　　).

　A.$\varnothing$　　　　　　　B.$\{2\}$　　　　　　　C.$\{4\}$　　　　　D.$\{2,4\}$

10.设全集 $U=\{0,1,2,3,4,5\}$,集合 $A=\{1,2,3,4\}$,集合 $B=\{1,3,5\}$,则 $|\complement_U(A\cap B)|=$

(　　).

　A.1　　　　　　　　　　B.2　　　　　　　　　C.3　　　　　　　　D.4

第二单元　逻辑用语

◆ 主要考点思维导图 ◆

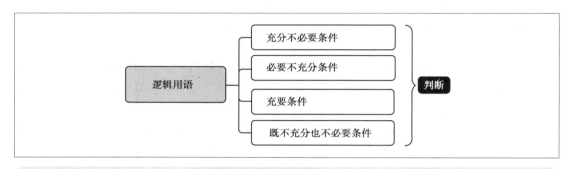

✎ **知识点或考点**

（1）若 $p \Rightarrow q$，且 $p \nLeftarrow q$，则称 p 是 q 的 _____ 条件；

（2）若 $p \nRightarrow q$，且 $p \Leftarrow q$，则称 p 是 q 的 _____ 条件；

（3）若 $p \Rightarrow q$，且 $p \Leftarrow q$，则称 p 是 q 的 _____ 条件；

（4）若 $p \nRightarrow q$，且 $p \nLeftarrow q$，则称 p 是 q 的 _____ 条件.

【例1】 （1）命题"$x>0$，$y>0$"是命题"$xy>0$"的（　　）.

A. 充分不必要条件　　　　　　　　　B. 必要不充分条件

C. 充要条件　　　　　　　　　　　　D. 既不充分也不必要条件

（2）命题"$x^2+x-2=0$"是命题"$x=1$"的（　　）.

A. 充分不必要条件　　　　　　　　　B. 必要不充分条件

C. 充要条件　　　　　　　　　　　　D. 既不充分也不必要条件

解析：

（1）选 A.

（2）选 B.

✍ **【牛刀小试】**

（1）命题"$x^2>25$"是命题"$x>5$"的（　　）.

A. 充分不必要条件　　　　　　　　　B. 必要不充分条件

C. 充要条件　　　　　　　　　　　　D. 既不充分也不必要条件

（2）命题"α 是第二象限角"是命题"$\alpha>90°$"的（　　）.

A. 充分不必要条件　　　　　　　　　B. 必要不充分条件

C.充要条件 D.既不充分也不必要条件

🌐【挑战过关】

1.命题"$x>1$"是命题"$(x+3)(x-1)>0$"的( ).

　A.充分不必要条件 　　　　　　　B.必要不充分条件

　C.充要条件 　　　　　　　　　　D.既不充分也不必要条件

2.命题"$|a|+|b|=0$"是命题"$a=0$且$b=0$"的( ).

　A.充分不必要条件 　　　　　　　B.必要不充分条件

　C.充要条件 　　　　　　　　　　D.既不充分也不必要条件

3.命题"角α是第三象限角"是命题"$\sin\alpha<0$"的( ).

　A.充分不必要条件 　　　　　　　B.必要不充分条件

　C.充要条件 　　　　　　　　　　D.既不充分也不必要条件

4.命题"$|x|=2$"是命题"$x=2$"的( ).

　A.充分不必要条件 　　　　　　　B.必要不充分条件

　C.充要条件 　　　　　　　　　　D.既不充分也不必要条件

5.命题"$A\cap B=A$"是命题"$A\subseteq B$"的( ).

　A.充分不必要条件 　　　　　　　B.必要不充分条件

　C.充要条件 　　　　　　　　　　D.既不充分也不必要条件

6.命题"$\alpha=30°$"是命题"$\sin\alpha=\dfrac{1}{2}$"的( ).

　A.充分不必要条件 　　　　　　　B.必要不充分条件

　C.充要条件 　　　　　　　　　　D.既不充分也不必要条件

7.命题"$x\in A\cap B$"是命题"$x\in A\cup B$"的( ).

　A.充分不必要条件 　　　　　　　B.必要不充分条件

　C.充要条件 　　　　　　　　　　D.既不充分也不必要条件

8.设直线l的倾斜角为α,则命题"$\alpha=\dfrac{\pi}{2}$"是命题"直线l的斜率不存在"的( ).

　A.充分不必要条件 　　　　　　　B.必要不充分条件

　C.充要条件 　　　　　　　　　　D.既不充分也不必要条件

9.命题"a是6的倍数"是命题"a是3的倍数"的( ).

　A.既不充分也不必要条件 　　　　B.充分不必要条件

　C.必要不充分条件 　　　　　　　D.充要条件

10.命题"$a>0$且$b<0$"是命题"$ab<0$"的( ).

　A.充分不必要条件 　　　　　　　B.必要不充分条件

　C.充要条件 　　　　　　　　　　D.既不充分也不必要条件

第三单元 不等式（组）

◆ 主要考点思维导图 ◆

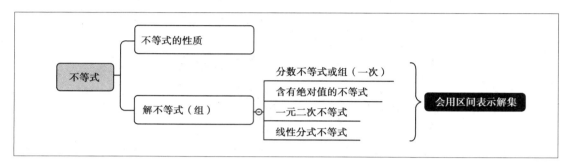

一、不等式的性质

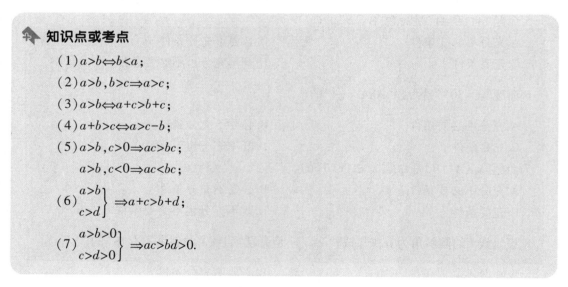

知识点或考点

（1）$a>b \Leftrightarrow b<a$；

（2）$a>b, b>c \Rightarrow a>c$；

（3）$a>b \Leftrightarrow a+c>b+c$；

（4）$a+b>c \Leftrightarrow a>c-b$；

（5）$a>b, c>0 \Rightarrow ac>bc$；

$a>b, c<0 \Rightarrow ac<bc$；

（6）$\left.\begin{array}{r} a>b \\ c>d \end{array}\right\} \Rightarrow a+c>b+d$；

（7）$\left.\begin{array}{r} a>b>0 \\ c>d>0 \end{array}\right\} \Rightarrow ac>bd>0$.

【例1】 设 a, b, c 均为实数, 且 $a>b$, 则下列不等式一定成立的是(　　).

A. $ac>bc$ 　　　　　　B. $ac<bc$ 　　　　　　C. $ac^2>bc^2(c \neq 0)$ 　　D. $a^2>b^2$

解析: 因为 $c \neq 0$, 所以 $c^2>0$, 故选 C.

【牛刀小试】

（1）设 a, b 均为不等于 0 的实数, 且 $a>b$, 则下列不等式不一定成立的是(　　).

A.$a-c>b-c$ B.$a-b>0$ C.$\dfrac{1}{a}<\dfrac{1}{b}$ D.$a+d>b+d$

(2)设 a,b,c,d 均为不等于 0 的实数,且 $a>b,c>d$,则下列不等式一定成立的是(　　).

A.$a-d>b-c$ B.$ac<bd$ C.$a-c>b-d$ D.$\dfrac{a}{c}>\dfrac{b}{d}$

二、解含有绝对值的不等式

📌 知识点或考点

含有绝对值的不等式的解法.

形如 $|ax+b|<c(c>0)$ 去掉绝对值后变形为:_____;

形如 $|ax+b|>c(c>0)$ 去掉绝对值后变形为:_____或_____.

【例2】 不等式 $3|x+1|<6$ 的解集为(　　).

A.$(-3,1)$ B.$(-\infty,1)$ C.$\left(-\infty,\dfrac{5}{3}\right)$ D.$(-\infty,2)$

解析:因为 $3|x+1|<6\Leftrightarrow|x+1|<2$

$\qquad\qquad\quad\Leftrightarrow-2<x+1<2$

$\qquad\qquad\quad\Leftrightarrow-3<x<1$

故选 A.

【牛刀小试】

(1)不等式 $|5x-1|\leqslant4$ 的解集为(　　).

A.$\left[-\dfrac{3}{5},1\right]$ B.$(-\infty,1]$ C.$\left(-\infty,-\dfrac{3}{5}\right]$ D.$\left(-\infty,-\dfrac{3}{5}\right]\cup[1,+\infty)$

(2)不等式 $|3-2x|>1$ 的解集为(　　).

A.$(1,2)$ B.$(-\infty,1)$ C.$(1,+\infty)$ D.$(-\infty,1)\cup(2,+\infty)$

三、解一元二次不等式

📌 知识点或考点

因式分解法或图像法解一元二次不等式:$ax^2+bx+c<0$ 或 $ax^2+bx+c>0(a\neq0)$.

因式分解法的一般步骤:(1)根据"同号相乘为正,异号相乘为负"把一元二次不等式转化为两个一元一次不等式组成的不等式组;(2)分别解两个一次不等式的解集;(3)根据情况求交集或并集.

图像法的一般步骤:(1)求方程 $ax^2+bx+c=0$ 的根;(2)画出抛物线大致图像;(3)取解:

①若 $ax^2+bx+c>0$,则不等式的解集取 x 轴上方的曲线所对应的 x 的取值范围;

②若 $ax^2+bx+c<0$,则不等式的解集取 x 轴下方的曲线所对应的 x 的取值范围.

掌握用二次函数的图像求解一元二次不等式的方法,填写表格中的空白部分.

判别式 $\Delta=b^2-4ac$		$\Delta>0$	$\Delta=0$	$\Delta<0$
方程 $ax^2+bx+c=0$ 的根		$x_{1,2}=\dfrac{-b\pm\sqrt{\Delta}}{2a}$	$x_1=x_2=-\dfrac{b}{2a}$	没有实数根
$a>0$	二次函数的大致图像	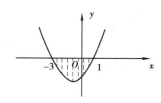		
	$ax^2+bx+c>0$ 的解集	$x<x_1$ 或 $x>x_2$	$x\neq x_1$	$x\in\mathbf{R}$
	$ax^2+bx+c<0$ 的解集	$x_1<x<x_2$	$\varnothing$	$\varnothing$
$a<0$	二次函数的大致图像			
	$ax^2+bx+c>0$ 的解集			
	$ax^2+bx+c<0$ 的解集			

【例3】 不等式 $x^2+2x-3\leqslant0$ 的解集为(   ).

A.$[-1,3]$

B.$[-3,1]$

C.$(-\infty,-1]\cup[3,+\infty)$

D.$(-\infty,-3]\cup[1,+\infty)$

解析: 因为 $x^2+2x-3\leqslant0$

$(x+3)(x-1)\leqslant0$

$-3\leqslant x\leqslant1$

如图所示,故选 B.

【牛刀小试】

(1)不等式 $x^2-x-6<0$ 的解集为(   ).

A.$(-2,3)$ B.$(-1,6)$ C.$(-\infty,-2)$ D.$(-\infty,-2)\cup(3,+\infty)$

(2)不等式 $-x^2+x+12>0$ 的解集为(   ).

A.$(-4,3)$ B.$(-3,4)$ C.$(4,+\infty)$ D.$(-\infty,-3)\cup(4,+\infty)$

(3)不等式 $4x^2+4x-3\geqslant0$ 的解集为(   ).

A.$\left[-\dfrac{3}{2},\dfrac{1}{2}\right]$ B.$\left[\dfrac{1}{2},+\infty\right)$

C.$\left(-\infty,-\dfrac{1}{2}\right]\cup\left[\dfrac{3}{2},+\infty\right)$ D.$\left(-\infty,-\dfrac{3}{2}\right]\cup\left[\dfrac{1}{2},+\infty\right)$

四、解一元一次不等式组

【例4】 不等式组 $\begin{cases}2(x+1)>3x-1\\|x|<7\end{cases}$ 的解集为(   ).

A.$(-7,7)$ B.$(3,7)$

C.$(-\infty,-7)\cup(3,+\infty)$ D.$(-7,3)$

解析:因为 $\begin{cases}2(x+1)>3x-1\\|x|<7\end{cases}$

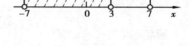

$\Leftrightarrow\begin{cases}2x+2>3x-1\\-7<x<7\end{cases}$

$\Leftrightarrow\begin{cases}x<3\\-7<x<7\end{cases}$

$\Leftrightarrow-7<x<3$

如图所示,故选 D.

【牛刀小试】

(1)不等式组 $\begin{cases}3(x+1)>2x-1\\\dfrac{x-2}{2}<\dfrac{x}{3}+1\end{cases}$ 的解集为(   ).

A.$(-4,-7)$ B.$(-4,8)$ C.$(-4,12)$ D.$(-\infty,-4)\cup(12,+\infty)$

(2)$\begin{cases}x+1>0\\x-2<0\end{cases}$ 的解集为(   ).

A.$\varnothing$ B.$(-1,2)$ C.$(-2,1)$ D.$(-\infty,-2)\cup(1,+\infty)$

(3)不等式组 $\begin{cases}\dfrac{x}{2}>\dfrac{x}{3}+1\\|x|<8\end{cases}$ 的解集为(   ).

A.$(6,8)$ B.$(1,8)$ C.$(-8,8)$ D.$(-\infty,8)$

五、解线性分式不等式

> **知识点或考点**
>
> 根据"同号相除为正,异号相除为负"法则,将下列线性分式不等式变形为两个等价的一元一次不等式组.
>
> $\dfrac{ax+b}{cx+d}>0 \Leftrightarrow$ _____ ; $\dfrac{ax+b}{cx+d}<0 \Leftrightarrow$ _____ ;
>
> $\dfrac{ax+b}{cx+d}\geq 0 \Leftrightarrow$ _____ ; $\dfrac{ax+b}{cx+d}\leq 0 \Leftrightarrow$ _____ .

【例 5】 不等式 $\dfrac{x+2}{x-1}\leq 0$ 的解集为( ).

A. $(-\infty,-2]\cup(1,+\infty)$　　　　　　B. $(-\infty,-2]\cup[1,+\infty)$

C. $[-2,-1]$　　　　　　　　　　　　　D. $[-2,1)$

解析: 因为 $\dfrac{x+2}{x-1}\leq 0 \Leftrightarrow \begin{cases} x+2\leq 0 \\ x-1>0 \end{cases}$ 或 $\begin{cases} x+2\geq 0 \\ x-1<0 \end{cases}$

$\Leftrightarrow \begin{cases} x\leq -2 \\ x>1 \end{cases}$ 或 $\begin{cases} x\geq -2 \\ x<1 \end{cases}$

$\Leftrightarrow \varnothing$ 或 $-2\leq x<1$

$\Leftrightarrow -2\leq x<1$

故选 D.

✒ **【牛刀小试】**

(1)不等式 $\dfrac{x-2}{x+3}<0$ 的解集为( ).

A. $(-\infty,-3]\cup(2,+\infty)$　　　　　　B. $(-\infty,-3)$

C. $(-3,2)$　　　　　　　　　　　　　D. $(-2,3)$

(2)不等式 $\dfrac{x+1}{x-4}\geq 0$ 的解集为( ).

A. $(-\infty,-1]\cup(4,+\infty)$　　　　　　B. $(-\infty,-1]\cup[4,+\infty)$

C. $(4,+\infty)$　　　　　　　　　　　　D. $[-1,4)$

【挑战过关】

1.不等式 $|2x-3|>5$ 的解集为(　　).
  A.$(-\infty,1)$　　　　　　　　　　　　B.$(-1,4)$
  C.$(4,+\infty)$　　　　　　　　　　　　D.$(-\infty,-1)\cup(4,+\infty)$

2.不等式 $|4x+1|<7$ 的解集为(　　).
  A.$\left(-\infty,\dfrac{3}{2}\right)$　　　　　　　　　　B.$\left(-2,\dfrac{2}{3}\right)$
  C.$\left(-2,\dfrac{3}{2}\right)$　　　　　　　　　　D.$(-\infty,-2)\cup\left(\dfrac{3}{2},+\infty\right)$

3.不等式 $|1-3x|\leqslant 4$ 的解集为(　　).
  A.$\left[-\dfrac{5}{3},1\right]$　　　　　　　　　　B.$\left[-1,\dfrac{5}{3}\right]$
  C.$[-1,+\infty)$　　　　　　　　　　D.$\left(-\infty,-\dfrac{5}{3}\right]\cup[1,+\infty)$

4.不等式 $|3x-2|-3\geqslant 7$ 的解集为(　　).
  A.$[4,+\infty)$　　　　　　　　　　　B.$\left(-\infty,-\dfrac{8}{3}\right]\cup[4,+\infty)$
  C.$\left(-\infty,-\dfrac{2}{3}\right]\cup[4,+\infty)$　　　D.$\left(-\infty,-\dfrac{8}{3}\right]\cup[2,+\infty)$

5.不等式 $x^2-5x+6<0$ 的解集为(　　).
  A.$(-3,-2)$　　　　　　　　　　　B.$(-1,6)$
  C.$(2,3)$　　　　　　　　　　　　D.$(-\infty,-1)\cup(6,+\infty)$

6.不等式 $(2-x)(x+3)\leqslant 0$ 的解集为(　　).
  A.$[-2,3]$　　　　　　　　　　　B.$[-3,2]$
  C.$(-\infty,-3]\cup[2,+\infty)$　　　　D.$(-\infty,-2]\cup[3,+\infty)$

7.不等式 $2x^2-3x-2<0$ 的解集为(　　).
  A.$\left(-\dfrac{1}{2},2\right)$　　　　　　　　　　B.$\left(-2,\dfrac{1}{2}\right)$
  C.$\left(-\infty,-\dfrac{1}{2}\right)\cup(2,+\infty)$　　　D.$(-\infty,-2)\cup\left(\dfrac{1}{2},+\infty\right)$

8.不等式 $x^2-3x>0$ 的解集为(　　).
  A.$(0,3)$　　　　　　　　　　　　B.$(3,+\infty)$
  C.$(-\infty,0)\cup(3,+\infty)$　　　　D.$(-\infty,-3)\cup(0,+\infty)$

9.不等式 $\dfrac{x}{x-2}>0$ 的解集为(　　).
  A.$[0,2)$　　　　　B.$(0,2)$　　　　　C.$(2,+\infty)$　　　　D.$(-\infty,0)\cup(2,+\infty)$

10.不等式 $\dfrac{x-3}{x+1}\geqslant 0$ 的解集为(　　).
  A.$(-1,3]$　　　　　　　　　　　B.$[-1,3]$
  C.$(-\infty,-1]\cup(3,+\infty)$　　　　D.$(-\infty,-1)\cup[3,+\infty)$

第四单元 函 数

◆ **主要考点思维导图** ◆

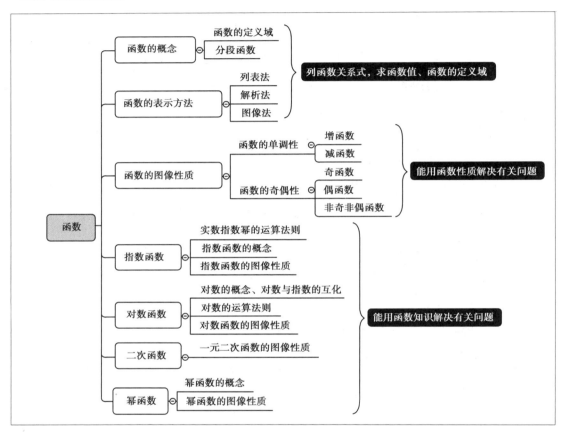

一、求函数值

🔖 **知识点或考点**

　　理解函数的概念.

【例1】 （1）设函数 $f(x) = x^2 + 1$，则 $f(-1) = ($ 　　 $)$.

A. -1　　　　　　　　B. 0　　　　　　　　C. 1　　　　　　　　D. 2

（2）设函数 $f(x) = \begin{cases} x - 2, & x \leqslant 0 \\ x^2 + 1, & x > 0 \end{cases}$，则 $f(-1) + f(1) = ($ 　　 $)$.

A.−2   B.−1   C.1   D.2

(3)设 $f(x)=\begin{cases}1+\ln x, & x>0 \\ x+1, & x\leq 0\end{cases}$,则 $f(e^2)=($ $)$.

A.−2   B.−1   C.1   D.3

解析:

(1) $f(-1)=(-1)^2+1=2$,故选 D.

(2) $f(-1)+f(1)=(-1-2)+(1^2+1)=-1$,故选 B.

(3)因为 $e^2>0$,所以 $f(e^2)=1+\ln e^2=1+\log_e e^2=1+2=3$,故选 D.

📝【牛刀小试】

(1)设函数 $f(x)=2x+b$,且 $f(1)=3$,则 $f(-1)=($ $)$.

A.−3   B.−1   C.1   D.3

(2)设函数 $f(x)=\begin{cases}2^x, & (x\leq 0) \\ \lg x, & (x>0)\end{cases}$,则 $f(-1)+f(0.1)=($ $)$.

A.−3   B.$-\dfrac{3}{2}$ C.$-\dfrac{1}{2}$ D.0

(3)设函数 $f(x)=3x-1$,则 $(f(1))^{\frac{1}{2}}=($ $)$.

A.−1   B.$\dfrac{\sqrt{2}}{2}$ C.1   D.$\sqrt{2}$

二、求函数的定义域

👉 知识点或考点

(1)分式的分母_____;

(2)偶次根式的被开方数_____;

(3)在对数中,对数的真数_____;

(4)正切函数 $y=\tan(\omega x+\phi)$, $\omega x+\phi\neq$ _____.

【例2】 (1)函数 $f(x)=\dfrac{x^2}{\sqrt{1-x}}+\lg(3x+1)$ 的定义域是(   ).

A.$\left[-\dfrac{1}{3},1\right)$ B.$\left(-\dfrac{1}{3},1\right]$ C.$\left[-\dfrac{1}{3},1\right]$ D.$\left(-\dfrac{1}{3},1\right)$

(2)函数 $f(x)=\sqrt{3^x-1}$ 的定义域是(   ).

A.$[0,+\infty)$　　　　B.$(0,+\infty)$　　　　C.$(3,+\infty)$　　　　D.$(-\infty,0]$

解析：

（1）要使原函数有意义，必须满足 $\begin{cases}1-x>0\\3x+1>0\end{cases}$，

解得 $\begin{cases}x<1\\x>-\dfrac{1}{3}\end{cases}$，所以 $-\dfrac{1}{3}<x<1$，故选 D.

（2）要使原函数有意义，必须满足 $3^x-1\geqslant 0$，

解得 $3^x\geqslant 1$，所以 $x\geqslant 0$，故选 A.

📝【牛刀小试】

（1）函数 $f(x)=\dfrac{x}{x+2}+\lg(4x+12)$ 的定义域是（　　　　）.

A.$\{x\mid x>-3$ 且 $x\neq -2\}$　　　　B.$\{x\mid x>-3$ 或 $x\neq -2\}$

C.$\{x\mid x\geqslant -3$ 且 $x\neq -2\}$　　　　D.$\{x\mid x>-3\}$

（2）函数 $f(x)=\sqrt{\left(\dfrac{1}{2}\right)^x-4}$ 的定义域是（　　　　）.

A.$[2,+\infty)$　　　　B.$(0,+\infty)$　　　　C.$(3,+\infty)$　　　　D.$(-\infty,-2]$

三、识别函数的图像

🔖 知识点或考点

（1）识别函数的图像；

（2）能根据函数图像解决有关简单问题.

（1）正比例函数

解析表达式	$y=kx(k\neq 0)$	
图像	$k>0$ 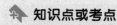	$k<0$

续表

定义域	$x \in$ _____	
值域	$y \in$ _____	
单调性	在区间_____上是_____函数	在区间_____上是_____函数
奇偶性		

（2）反比例函数

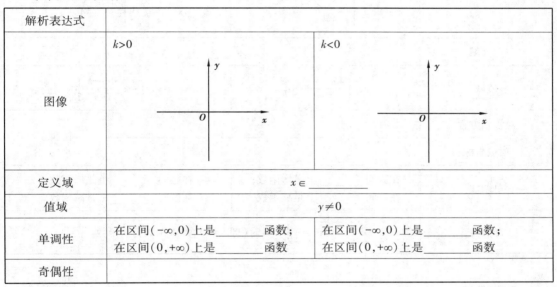

解析表达式		
图像	$k>0$	$k<0$
定义域	$x \in$ _____	
值域	$y \neq 0$	
单调性	在区间$(-\infty,0)$上是_____函数；在区间$(0,+\infty)$上是_____函数	在区间$(-\infty,0)$上是_____函数；在区间$(0,+\infty)$上是_____函数
奇偶性		

（3）一次函数

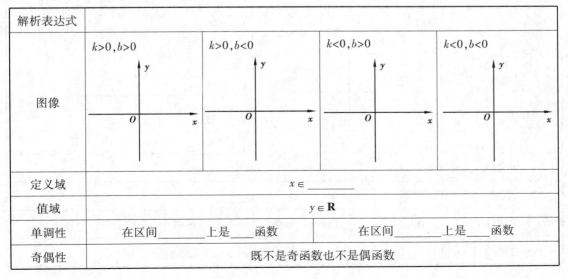

解析表达式				
图像	$k>0,b>0$	$k>0,b<0$	$k<0,b>0$	$k<0,b<0$
定义域	$x \in$ _____			
值域	$y \in \mathbf{R}$			
单调性	在区间_____上是____函数		在区间_____上是____函数	
奇偶性	既不是奇函数也不是偶函数			

（4）一元二次函数

解析表达式	$y=ax^2+bx+c\,(a\neq0)$	
图像	$a>0$ 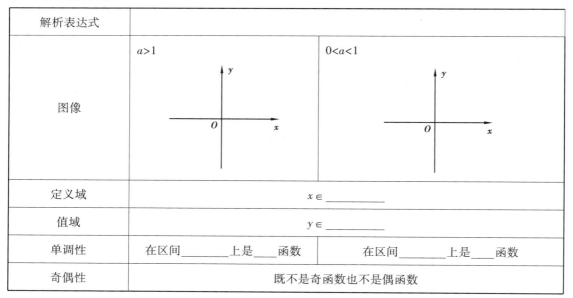	$a<0$
定义域	$x\in$ _____	
值域	$y\in\left[\dfrac{4ac-b^2}{4a},+\infty\right)$	$y\in\left(-\infty,\dfrac{4ac-b^2}{4a}\right]$
对称轴方程		
顶点坐标		
单调性	在区间_____上是增函数； 在区间_____上是减函数	在区间_____上是增函数； 在区间_____上是减函数
奇偶性	当 $x=-\dfrac{b}{2a}=0$ 时（即 $b=0$），二次函数为偶函数	

（5）指数函数

解析表达式		
图像	$a>1$	$0<a<1$
定义域	$x\in$ _____	
值域	$y\in$ _____	
单调性	在区间_____上是____函数	在区间_____上是____函数
奇偶性	既不是奇函数也不是偶函数	

（6）对数函数

解析表达式		
图像	$a>1$ 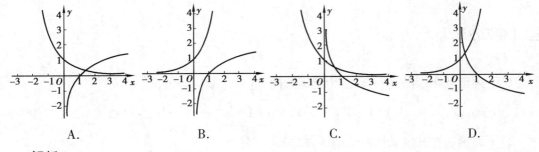	$0<a<1$
定义域	$x\in$ _____	
值域	$y\in\mathbf{R}$	
单调性	在区间_____上是____函数	在区间_____上是____函数
奇偶性	既不是奇函数也不是偶函数	

【例3】　（1）已知函数 $f(x)=ax^2+bx+c\,(a\neq0)$ 的大致图像,如图所示,则下列结论正确的是(　　).

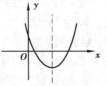

A.$a>0,b<0,c>0$　　　　　　　　B.$a>0,b>0,c>0$

C.$a>0,b>0,c<0$　　　　　　　　D.$a<0,b>0,c>0$

（2）若 $0<m<1$,有函数 $f(x)=m^{-x}$ 和 $g(x)=\log_m x\,(x>0)$,则它们的大致图像是(　　).

A.　　　　　　　B.　　　　　　　C.　　　　　　　D.

解析:

（1）因为抛物线开口向上,所以 $a>0$;又因为抛物线与 y 轴交于正半轴,所以 $c>0$;因为对称轴在 y 轴的右边,所以 $-\dfrac{b}{2a}>0$,由于 $a>0$,所以 $b<0$.故选 A.

（2）函数 $f(x)=m^{-x}=\left(\dfrac{1}{m}\right)^x$,因为 $0<m<1$,所以 $\dfrac{1}{m}>1$,则函数 $f(x)=m^{-x}$ 的图像过点 $(0,1)$,其是单调递增的函数;函数 $g(x)=\log_m x\,(x>0)$,因为 $0<m<1$,所以函数 $g(x)=\log_m x$ $(x>0)$ 的图像过点 $(1,0)$,其是单调递减的函数.故选 D.

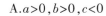【牛刀小试】

（1）已知函数 $f(x)=ax^2+bx+c(a\neq0)$ 的大致图像，如图所示，则下列结论正确的是（   ）.

A.$a>0,b>0,c<0$　　　　　　　　　B.$a<0,b>0,c<0$

C.$a<0,b<0,c<0$　　　　　　　　　D.$a>0,b<0,c>0$

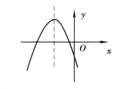

（2）若 $0<m<1,x>0$，则函数 $f(x)=x^m$ 和 $g(x)=\log_m x(x>0)$ 的大致图像是（   ）.

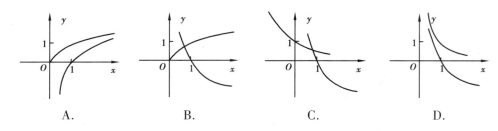

A.　　　　　　B.　　　　　　C.　　　　　　D.

【例4】　下列函数在其定义域内是减函数的是（   ）.

A.$y=3x-2$　　　　B.$y=-x^2$　　　　C.$y=\log_{0.5}(1-x)$　　　　D.$y=2^{-x}$

解析：函数 $y=3x-2$ 在区间 $(-\infty,+\infty)$ 上是增函数；函数 $y=-x^2$ 在区间 $(-\infty,0]$ 上是增函数，在区间 $[0,+\infty)$ 上是减函数；函数 $y=\log_{0.5}(1-x)$ 的定义域是 $(-\infty,1)$，在此区间当 x 增大时，$1-x$ 却在减小，而 $\log_{0.5}(1-x)$ 反而增大，所以该函数在区间 $(-\infty,1)$ 上是增函数；函数 $y=2^{-x}=\dfrac{1}{2^x}=\left(\dfrac{1}{2}\right)^x$，所以它在区间 $(-\infty,+\infty)$ 上是减函数，故选 D.

【牛刀小试】

（1）下列函数在区间 $(0,+\infty)$ 上为增函数的是（   ）.

A.$y=\log_{0.5}x$　　　　B.$y=\left(\dfrac{1}{3}\right)^x$　　　　C.$y=1+\dfrac{1}{x}$　　　　D.$y=x^2-1$

（2）下列函数在其定义域内是增函数的是（   ）.

A.$y=x^{-0.7}(x>0)$　　　B.$y=\log_7(x-2)$　　　C.$y=(x+1)^2$　　　D.$y=-x^3$

🌐【挑战过关】

1.若 $f(x)=-x^2+1$，则 $f(-3)=$（   ）.

A.-8　　　　B.-5　　　　C.7　　　　D.10

2.若 $f(x)=3x-1$，则 $f(f(2))=$（   ）.

A.4　　　　B.5　　　　C.8　　　　D.14

3. 函数 $y=\left(\dfrac{1}{5}\right)^x$ 的大致图像是( ).

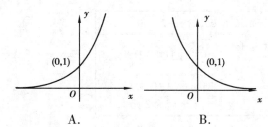 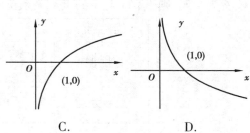

    A.   B.   C.   D.

4. 函数 $y=\log_3 x$ 的大致图像是( ).

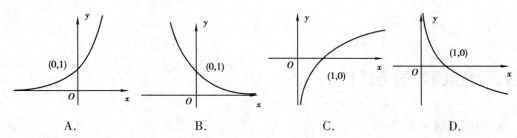

    A.   B.   C.   D.

5. 函数 $f(x)=\sqrt{x^2-3x-4}$ 的定义域是( ).

  A.$[4,+\infty)$ B.$[-1,4]$

  C.$(-\infty,-1]\cup[4,+\infty)$ D.$(4,+\infty)$

6. 若 $f(x)=kx+3$,且 $f(1)=-3$,则 $f(-1)=($).

  A.-3 B.0   C.9   D.12

7. 函数 $f(x)=\sqrt{\left(\dfrac{1}{2}\right)^x-1}$ 的定义域是( ).

  A.$[0,+\infty)$ B.$(-\infty,0]$ C.$(-\infty,-1]$ D.$(-\infty,0)$

8. 函数 $y=2^{-x}$ 的大致图像是( ).

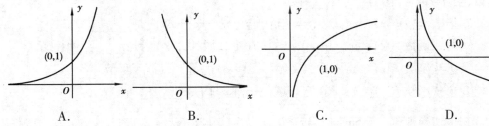

    A.   B.   C.   D.

9. 函数 $f(x)=\log_3(x^2-2x)+\sqrt{5-x}$ 的定义域是( ).

  A.$(2,5]$ B.$(-\infty,0]\cup[2,5)$ C.$(-\infty,0)\cup(2,5]$ D.$(-\infty,0)$

10. 若关于 x 的函数 $y=a^{x+m}$ 的图像如图所示,则( ).

  A.$0<a<1,m<0$ B.$0<a<1,m>0$

  C.$a>1,m<0$ D.$a>1,m>0$

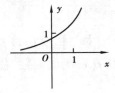

11.重庆市出租车白天收费标准如表所示,设出租车行驶的里程为 x 千米,出租车白天运营收费为 y 元,则下列 y 与 x 的函数关系正确的是( ).

时　间	白天租价 6：00(含)—23：00	
行驶里程	3 千米(含 3 千米)以内	超过 3 千米
计费方式	10 元	超过 3 千米后,每千米运价 2 元

A. $y=2x+10$

B. $y=\begin{cases}10\\2x+10\end{cases}$

C. $y=\begin{cases}10, 0<x\leqslant3\\2x+10, x>3\end{cases}$

D. $y=\begin{cases}10, 0<x\leqslant3\\2x+4, x>3\end{cases}$

四、判断函数的奇偶性

知识点或考点

(1)理解奇函数、偶函数的概念及其图像特征.

奇函数当自变量相反时,它们的函数值_____,其函数图像关于_____对称;偶函数当自变量相反时,它们的函数值_____,其函数图像关于_____对称.

(2)常见函数的奇偶性(完成填空).

①正比例函数 $f(x)=kx(k\neq0)$ 在定义域 $(-\infty,+\infty)$ 内是_____函数.

②反比例函数 $f(x)=\dfrac{k}{x}(k\neq0)$ 在定义域 $(-\infty,0)\cup(0,+\infty)$ 内是_____函数.

③一次函数 $f(x)=kx+b(k\neq0,b\neq0)$ 在定义域 $(-\infty,+\infty)$ 内是_____函数.

④二次函数 $f(x)=ax^2+bx+c(a\neq0)$ 在定义域 $(-\infty,+\infty)$ 内,当 $b=0$ 时,它是_____函数;当 $b\neq0$ 时,它是_____函数.

⑤指数函数 $f(x)=a^x(a>0,a\neq1)$ 在定义域 $(-\infty,+\infty)$ 内是_____函数.

⑥对数函数 $f(x)=\log_a x(a>0,a\neq1)$ 在定义域 $(0,+\infty)$ 内是_____函数.

⑦正弦函数 $f(x)=\sin x$ 在定义域 $(-\infty,+\infty)$ 内是_____函数.

⑧余弦函数 $f(x)=\cos x$ 在定义域 $(-\infty,+\infty)$ 内是_____函数.

⑨正切函数 $f(x)=\tan x\left(x\neq k\pi+\dfrac{\pi}{2}\right)$ 在定义域 $(-\infty,+\infty)$ 内是_____函数.

⑩正弦型函数 $f(x)=A\sin(\omega x+\varphi)$ 在定义域 $(-\infty,+\infty)$ 内,当 $\varphi=0$ 时,它是_____函数.

【例5】 (1)设 $f(x)$ 的定义域为 **R**,且 $f(-3)=2$,①若 $f(x)$ 为奇函数,则 $f(3)=($ ）;②若 $f(x)$ 为偶函数,若 $f(3)=($).

　A.-2　　　　　　　　B.-3　　　　　　　　C.3　　　　　　　　D.2

（2）已知 $f(x)=x^2+(2-a)x$ 为偶函数，则 $a=($ 　　　$)$.

　A.-2　　　　　　　　B.-1　　　　　　　　C.1　　　　　　　　D.2

解析：

（1）①因为 $f(x)$ 为奇函数，则 $f(3)=-f(-3)=-2$，故选 A；

②因为 $f(x)$ 为偶函数，则 $f(3)=f(-3)=2$，故选 D.

（2）因为 $f(x)=x^2+(2-a)x$ 为二次函数，且为偶函数，所以 $2-a=0$，解得 $a=2$，故选 D.

【例6】 下列函数为奇函数的是($\quad$).

　A.$y=2^x-2^{-x}$　　　　B.$y=2^x+2^{-x}$　　　　C.$y=2^x$　　　　　　D.$y=2^{-x}$

解析：

选项 A 中，函数 $y=2^x-2^{-x}$ 的定义域是 $(-\infty,+\infty)$，定义域关于原点对称，则 $f(-x)=2^{-x}-2^{-(-x)}=2^{-x}-2^x=-(2^x-2^{-x})$，所以 $f(-x)=-f(x)$，因此该函数为奇函数.

选项 B 中，函数 $y=2^x+2^{-x}$ 的定义域是 $(-\infty,+\infty)$，定义域关于原点对称，则 $f(-x)=2^{-x}+2^{-(-x)}=2^{-x}+2^x$，所以 $f(-x)=f(x)$，因此该函数为偶函数.

选项 C 中，函数 $y=2^x$ 的定义域是 $(-\infty,+\infty)$，定义域关于原点对称，则 $f(-x)=2^{-x}=\dfrac{1}{2^x}$，所以 $f(-x)\neq f(x)$，且 $f(-x)\neq-f(x)$，因此该函数既不是奇函数也不是偶函数.

选项 D 中，函数 $y=2^{-x}$ 的定义域是 $(-\infty,+\infty)$，定义域关于原点对称，则 $f(-x)=2^{-(-x)}=2^x$，所以 $f(-x)\neq f(x)$，且 $f(-x)\neq-f(x)$，因此该函数既不是奇函数也不是偶函数.

故选 A.

【牛刀小试】

（1）若 $f(x)=(m+3)x^2+x$ 为奇函数，则 $m=($ 　　　$)$.

　A.-3　　　　　　　　B.0　　　　　　　　C.1　　　　　　　　D.3

（2）判断下列函数的奇偶性.

①$y=3^x($ 　　$)$;　　　②$y=x^2+2,x\in(-1,2)($ 　　$)$;　　　③$y=-3x+5($ 　　$)$;

④$y=5($ 　　$)$;　　　　⑤$y=x^2($ 　　$)$;　　　　　　　　　　　⑥$y=x^3+x($ 　　$)$;

⑦$y=\dfrac{x}{x^2-1}($ 　　$)$;　　⑧$y=\left(\dfrac{1}{3}\right)^{-x}+7($ 　　$)$;

⑨$y=x\cdot\sin x($ 　　$)$;　⑩$y=\dfrac{\cos x-1}{x}($ 　　$)$.

　A.偶函数　　　　　　　　　　　　　　B.奇函数

　C.既是奇函数又是偶函数　　　　　　　D.既不是奇函数也不是偶函数

五、利用函数的单调性（或结合奇偶性）比较大小

知识点或考点

（1）判断函数的单调性.

（2）在函数的定义域内,函数值随自变量的增大而_____的函数称为增函数;函数值随自变量的增大而_____的函数称为减函数.

【例7】 （1）判断下列函数在其定义域内的单调性.

①$y=-\log_3 x$(   )；②$y=x^2+2$(   )；③$y=-3x+5$(   )；④$y=\left(\dfrac{1}{3}\right)^{-x}+7$(   ).

  A.增函数　　　　　　　B.减函数　　　　　　　C.不具有单调性　　　　D.无法判定

（2）设函数$f(x)$是$(-\infty,+\infty)$上的偶函数,且在$[0,+\infty)$上是减函数,则下列不等式成立的是(   ).

  A.$f(-2)>f(-1)>f(5)$　　　　　　　　　　B.$f(5)>f(-1)>f(-2)$

  C.$f(-1)>f(-2)>f(5)$　　　　　　　　　　D.$f(-2)>f(5)>f(-1)$

解析:

（1）①函数的定义域是$(0,+\infty)$,在定义域内,当x增大时,$\log_3 x$也增大,而$-\log_3 x$减小,所以y随x的增大反而减小,故选B.

②函数的定义域是$\{x\mid x\in \mathbf{R}\}$,它为二次函数,对称轴是$y$轴,在区间$(-\infty,0]$上,$y$随$x$的增大而减小,所以$y=x^2+2$在区间$(-\infty,0]$上是减函数;在区间$[0,+\infty)$上,$y$随$x$的增大而增大,故选C.

③函数的定义域是$\{x\mid x\in \mathbf{R}\}$,它为一次函数,$k=-3<0$,$y$随$x$的增大而减小,故选B.

④函数的定义域是$\mathbf{R}$,因为$y=3^x+7$,所以当x增大时,3^x增大,3^x+7也增大,所以y随x的增大而增大,故选A.

（2）因为函数$f(x)$是$(-\infty,+\infty)$上的偶函数,所以$f(-2)=f(2)$,$f(-1)=f(1)$,又$f(x)$在$[0,+\infty)$上是减函数,所以$f(1)>f(2)>f(5)$,故选C.

【牛刀小试】

（1）判断下列函数在其定义域内的单调性.

①$y=3^{-x}$(   )；　　　　　　　②$y=-x^2,x\in[0,+\infty)$(   )；

③$y=\log_{0.5}(3-x)$(   )；　　　　④$y=\sin x,x\in\left[-\dfrac{\pi}{2},\dfrac{\pi}{2}\right]$(   ).

  A.增函数　　　　　　B.减函数　　　　　　C.不具有单调性　　　　D.无法判定

（2）设函数$f(x)$是$(-\infty,+\infty)$上的偶函数,且在$[0,+\infty)$上是增函数,则下列不等式成立

的是(　　).

　　A.$f(-3)>f(2)>f(1)$　　　　　　　　　　B.$f(1)>f(-3)>f(2)$

　　C.$f(2)>f(-3)>f(1)$　　　　　　　　　　D.$f(2)>f(1)>f(-3)$

六、根据函数的单调性或奇偶性解决有关问题

 知识点或考点

　　用数形结合法求自变量的取值范围或函数的最值.

【例8】　(1)定义域为 **R** 的偶函数$f(x)$在区间$[0,+\infty)$上是增函数,且$f(3)=0$,若$f(x)\leqslant0$,则 x 的取值范围是(　　).

　　A.$(-\infty,-3]\cup[3,+\infty)$　　　　　　B.$[-3,3]$

　　C.$(-\infty,0]$　　　　　　　　　　　　　D.$(-\infty,3]$

　　(2)二次函数$y=x^2+3x-4,x\in[-2,2]$,下列说法正确的是(　　).

　　A.函数的最小值是-6,最大值是 6

　　B.函数的最小值是$-\dfrac{25}{4}$,最大值是 6

　　C.函数的最小值是$-\dfrac{25}{4}$,无最大值

　　D.函数的最小值是-6,无最大值

解析:

(1)根据题意,可参照右图,故选 B.

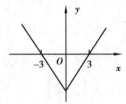

(2)因为函数$y=x^2+3x-4,x\in[-2,2]$的对称轴方程是$x=-\dfrac{3}{2}$,

$-\dfrac{3}{2}\in[-2,2]$,所以函数的最小值是当$x=-\dfrac{3}{2}$时,$y_{\min}=\left(-\dfrac{3}{2}\right)^2+3\times$

$\left(-\dfrac{3}{2}\right)-4=-\dfrac{25}{4}$,如图所示,由于二次函数是轴对称图形,所以当$x=$

2 时,$y_{\max}=2^2+3\times2-4=6$,故选 B.

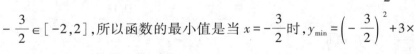
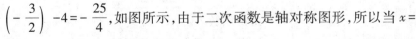

【例9】　已知$f(x)$为区间$(-\infty,+\infty)$上的偶函数,以 4 为周期,且当$0\leqslant x<1$时,$f(x)=x$,那么$f(3.5)$的值为(　　).

　　A.-0.5　　　　　　B.0.5　　　　　　C.3.5　　　　　　D.4

　　解析:因为函数$f(x)$是以 4 为周期的函数,所以$f(3.5)=f(3.5-4)=f(-0.5)$,又因为$f(x)$为区间$(-\infty,+\infty)$上的偶函数,所以$f(-0.5)=f(0.5)$,因为当$0\leqslant x<1$时,$f(x)=x$,所以$f(3.5)=f(-0.5)=f(0.5)=0.5$,故选 B.

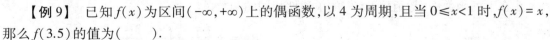

【牛刀小试】

（1）定义域为 **R** 的偶函数 $f(x)$ 在区间 $[0,+\infty)$ 上是减函数，且 $f(1)=0$，若 $f(x)\geqslant 0$，则 x 的取值范围是（ ）.

　　A.$[-1,1]$　　　　　B.$(-\infty,1]$　　　　　C.$[1,+\infty)$　　　　　D.$(-\infty,-1]\cup[1,+\infty)$

（2）二次函数 $y=-x^2+2x-3$，$x\in[2,5]$，下列说法正确的是（ ）.

　　A.函数的最小值是 -18，最大值是 -3　　　　B.函数的最小值是 -18，最大值是 -2

　　C.函数的最大值是 -2，无最小值　　　　　　D.函数的最小值是 -3，最大值是 -2

（3）设 $f(x)$ 为偶函数，且在 $(0,+\infty)$ 上是单调增加的，下列判断一定正确的是（ ）.

　　A.当 $x_1<0<x_2$ 时，$f(x_1)<f(x_2)$　　　　B.当 $x_1<0<x_2$ 时，$f(x_1)>f(x_2)$

　　C.当 $x_1<x_2<0$ 时，$f(x_1)<f(x_2)$　　　　D.当 $x_1<x_2<0$ 时，$f(x_1)>f(x_2)$

【挑战过关】

1.已知函数 $f(x)=-kx-3$ 在 $(-\infty,+\infty)$ 上是增函数，则 k 的取值范围是（ ）.

　　A.$k>0$　　　　　　B.$k<1$　　　　　　C.$k<0$　　　　　　D.$k\leqslant 0$

2.下列不等式成立的是（ ）.

　　A.$3.1^{0.1}>3.1^{0.2}$　　　　B.$\left(\dfrac{1}{3}\right)^{0.1}>\left(\dfrac{1}{3}\right)^{0.2}$　　　　C.$\log_{0.5}0.2>\log_{0.5}0.1$　　　D.$\lg 0.1>\lg 0.2$

3.函数 $f(x)=3-\cos x$，$x\in[0,2\pi]$ 的增区间是（ ）.

　　A.$\left[0,\dfrac{\pi}{2}\right]$　　　　　B.$[0,\pi]$　　　　　C.$[\pi,2\pi]$　　　　　D.$\left[\dfrac{3}{2}\pi,2\pi\right]$

4.若函数 $f(x)=(a-3)\cos x+x$ 为奇函数，则实数 a 的值为（ ）.

　　A.1　　　　　　　B.2　　　　　　　C.3　　　　　　　D.4

5.已知函数 $f(x)=\dfrac{1}{1-x^2}$，则 $f(x)$ 是（ ）.

　　A.偶函数　　　　　　　　　　　　　B.奇函数

　　C.既不是奇函数也不是偶函数　　　　　D.既是奇函数又是偶函数

6.在下列函数中，与函数 $y=3^x$ 的单调性相同的函数是（ ）.

　　A.$y=\log_{0.3}x$　　　　　　　　　　B.$y=\sin x$，$x\in\left[\dfrac{\pi}{2},\dfrac{3}{2}\pi\right]$

　　C.$y=\dfrac{1}{x}$　　　　　　　　　　D.$y=3x-5$

7.设函数 $f(x)$ 是 $(-\infty,+\infty)$ 上的偶函数，且 $(0,+\infty)$ 为减函数，则下列不等式成立的是（ ）.

A.$f(-3)<f(2)$　　　　B.$f(-3)>f(2)$　　　　C.$f(-3)>f(-2)$　　　　D.$f(3)>f(-2)$

8.下列函数为偶函数的是(　　).

A.$y=x|x|$　　　　　　B.$y=(x+2)^2$　　　　C.$y=\log_5|x|$　　　　　D.$y=\sin x\cos x$

9.函数$f(x)=\cos\left(x+\dfrac{\pi}{2}\right)$是(　　).

A.奇函数　　　　　　　　　　　　　B.偶函数

C.既不是奇函数也不是偶函数　　　　D.既是奇函数又是偶函数

10.定义域为 **R** 的偶函数$f(x)$在区间$(-\infty,0]$上是增函数,且$f(5)=0$,若$f(x)>0$,则x的取值范围是(　　).

A.$(-\infty,-5)\cup(5,+\infty)$　　　　　　B.$(-\infty,-5)$

C.$(5,+\infty)$　　　　　　　　　　　　D.$(-5,5)$

11.函数$f(x)=x^2-4x+3,x\in[-1,4]$,则下列说法正确的是(　　).

A.$f(x)_{\min}=3,f(x)_{\max}=8$　　　　　B.$f(x)_{\min}=-1,f(x)_{\max}=8$

C.$f(x)_{\min}=-1,f(x)_{\max}=3$　　　　　D.$f(x)_{\min}=-1$,无最大值

七、指数与对数的互化

🏹 知识点或考点

对数的概念:

$a^b=N\Leftrightarrow\log_a N=b$　　$(N>0,a>0,a\neq1)$

【例 10】 (1)若$10^x=2$,则下列等式成立的是(　　).

A.$x=\lg 2$　　　　　　B.$x=10^2$　　　　　　C.$x=\log_2 10$　　　　　D.$\lg x=2$

(2)若$\log_2 x=-\dfrac{1}{2}$,则下列等式成立的是(　　).

A.$x=-\dfrac{1}{4}$　　　　　B.$x=\dfrac{1}{4}$　　　　　C.$x=\dfrac{\sqrt{2}}{2}$　　　　　D.$x=\sqrt{2}$

解析:

(1)因为$10^x=2$ 化为对数式为 $x=\log_{10}2$,即 $x=\lg 2$,故选 A.

(2)因为$\log_2 x=-\dfrac{1}{2}\Leftrightarrow x=2^{-\frac{1}{2}}=\dfrac{1}{\sqrt{2}}=\dfrac{\sqrt{2}}{2}$,故选 C.

📝【牛刀小试】

(1)若$e^x=5$,则下列等式成立的是(　　).

A. $x=\ln 5$ B. $x=e^5$ C. $x=\log_5 e$ D. $\ln x=5$

（2）若 $\log_x 3=\dfrac{1}{2}$，则下列等式成立的是（ ）．

A. $x=\left(\dfrac{1}{2}\right)^3$ B. $x=\sqrt{3}$ C. $x=9$ D. $x^3=\dfrac{1}{2}$

八、指数与对数的简单计算

知识点或考点

（1）指数运算法则：$a^0=$ _____（$a\neq 0$）；$a^{-n}=$ _____（$a\neq 0$）；$a^m\cdot a^n=$ _____；

$a^m\div a^n=$ _____；$(a^m)^n=$ _____；$(ab)^n=$ _____；$\left(\dfrac{a}{b}\right)^n=$ _____（$b\neq 0$）；$\sqrt[n]{a^m}=$

_____（a 为开方有意义的值）．

（2）对数运算法则：$\log_a 1=$ _____；$\log_a a=$ _____；$\log_a a^m=$ _____（$a>0$，

$a\neq 1$）；$\log_a b^n=$ _____；$a^{\log_a m}=$ _____；$\log_a b=$ _____（换底公式）；$\log_a m+\log_a n=$

_____；$\log_a m-\log_a n=$ _____．

【例 11】 （1）$\lg(\ln e)=$（ ）．

A. 0 B. 1 C. e D. 10

（2）$\lg 0.01+\log_5 1+4^{-\frac{1}{2}}=$（ ）．

A. -4 B. -3 C. $-\dfrac{3}{2}$ D. 0

解析：

（1）因为 $\lg(\ln e)=\log_{10}(\log_e e)=\log_{10}1=0$，故选 A．

（2）原式 $=\log_{10}10^{-2}+0+(2^2)^{-\frac{1}{2}}=-2+\dfrac{1}{2}=-\dfrac{3}{2}$，故选 C．

【牛刀小试】

（1）$\log_2\sqrt{2}+(-2)^{-2}=$（ ）．

A. $\dfrac{3}{4}$ B. 1 C. $1\dfrac{1}{2}$ D. $4\dfrac{1}{2}$

（2）$e^{\ln 2}+\log_3 2-\log_3 6=$（ ）．

A. -1 B. 0 C. 1 D. 4

（3）$\log_2 \dfrac{1}{8} = ($ $)$.

A.-3 B.$-\dfrac{1}{3}$ C.$\dfrac{1}{3}$ D.3

九、利用指数函数、对数函数的单调性解决有关问题

知识点或考点

指数函数与对数函数的单调性：

（1）在指数函数 $y = a^x (a > 0, a \neq 1)$ 中，当底数 _____ 时，指数函数为增函数；当底数 _____ 时，指数函数为减函数.

（2）在对数函数 $y = \log_a x (a > 0, a \neq 1)$ 中，当底数 _____ 时，对数函数为增函数；当底数 _____ 时，对数函数为减函数.

【例12】 （1）已知 $1 \leqslant \left(\dfrac{1}{3} \right)^x < 27$，则 x 的取值范围是$($ $)$.

A.$(-\infty, -3) \cup [0, +\infty)$ B.$[1, 3)$

C.$[-3, 0)$ D.$(-3, 0]$

（2）已知 $0 \leqslant \log_2 x < 2$，则 x 的取值范围是$($ $)$.

A.$[1, 2)$ B.$[1, 4)$ C.$[0, 2)$ D.$[0, 4)$

解析：

（1）因为 $1 \leqslant \left(\dfrac{1}{3} \right)^x < 27 \Leftrightarrow \left(\dfrac{1}{3} \right)^0 \leqslant \left(\dfrac{1}{3} \right)^x < \left(\dfrac{1}{3} \right)^{-3}$，

又因为指数函数 $y = \left(\dfrac{1}{3} \right)^x$ 的底数 $0 < \dfrac{1}{3} < 1$，

所以它为减函数，则 $-3 < x \leqslant 0$，故选 D.

（2）因为 $0 \leqslant \log_2 x < 2 \Leftrightarrow \log_2 1 \leqslant \log_2 x < \log_2 2^2 \Leftrightarrow \log_2 1 \leqslant \log_2 x < \log_2 4$，

又因为指数函数 $y = \log_2 x$ 的底数 $2 > 1$，

所以它为增函数，则 $1 \leqslant x < 4$，故选 B.

【牛刀小试】

（1）已知 $0.5 < 2^x \leqslant 2$，则 x 的取值范围是$($ $)$.

A.$[-1, 1)$ B.$(-1, 1]$ C.$(-1, 2]$ D.$(-\infty, -1) \cup [1, +\infty)$

（2）已知 $\log_2 x \leqslant 1$，则 x 的取值范围是$($ $)$.

A.$(-\infty,2]$ 　　　　B.$(0,1]$ 　　　　C.$(0,2]$ 　　　　D.$(0,2)$

【例 13】 （1）若实数 a,b 满足 $\left(\dfrac{1}{3}\right)^a<\left(\dfrac{1}{3}\right)^b<1$，则（　　）.

A.$b>a>0$ 　　　　B.$b<a<0$ 　　　　C.$a>b>0$ 　　　　D.$a<b<0$

（2）$0.3^{-0.2},0.2^{0.3},\log_{0.2}3$ 的大小关系正确的是（　　）.

A.$\log_{0.2}3<0.2^{0.3}<0.3^{-0.2}$ 　　　　　　　　B.$0.3^{-0.2}<0.2^{0.3}<\log_{0.2}3$

C.$0.2^{0.3}<0.3^{-0.2}<\log_{0.2}3$ 　　　　　　　　D.$0.3^{-0.2}<\log_{0.2}3<0.2^{0.3}$

解析：

（1）$\left(\dfrac{1}{3}\right)^a<\left(\dfrac{1}{3}\right)^b<1\Leftrightarrow\left(\dfrac{1}{3}\right)^a<\left(\dfrac{1}{3}\right)^b<\left(\dfrac{1}{3}\right)^0$，

因为指数函数 $f(x)=\left(\dfrac{1}{3}\right)^x$ 的底数为 $0<\dfrac{1}{3}<1$，

所以函数在定义域 $(-\infty,+\infty)$ 内为减函数，则有 $a>b>0$，故选 C.

（2）因为 $0.3^{-0.2}>0.3^0=1,0<0.2^{0.3}<0.2^0=1,\log_{0.2}3<\log_{0.2}1=0$，故选 A.

【牛刀小试】

（1）若 $\log_{0.3}(m^2+3m)>\log_{0.3}4$，则 m 的取值范围是（　　）.

A.$(-4,1)$ 　　　　　　　　　　B.$(-4,-3)\cup(0,1)$

C.$(-\infty,-4)$ 　　　　　　　　D.$(-\infty,-4)\cup(1,+\infty)$

（2）$0.5^{-0.3},0.3^{0.2},\log_5 0.3$ 的大小关系正确的是（　　）.

A.$\log_5 0.3<0.3^{0.2}<0.5^{-0.3}$ 　　　　　　　　B.$0.5^{-0.3}<0.3^{0.2}<\log_5 0.3$

C.$0.3^{0.2}<0.5^{-0.3}<\log_5 0.3$ 　　　　　　　　D.$0.5^{-0.3}<\log_5 0.3<0.3^{0.2}$

十、待定系数法求值

【例 14】 设指数函数 $f(x)=a^x$ 的图像过点 $(-2,9)$，则 $f\left(\dfrac{1}{2}\right)=$（　　）.

A.$\dfrac{1}{3}$ 　　　　　B.$\dfrac{\sqrt{3}}{3}$ 　　　　　C.$\sqrt{3}$ 　　　　　D.3

解析：由题意得 $a^{-2}=9$，解得 $a=\dfrac{1}{3}$，则 $f(x)=\left(\dfrac{1}{3}\right)^x$，所以 $f\left(\dfrac{1}{2}\right)=\left(\dfrac{1}{3}\right)^{\frac{1}{2}}=\sqrt{\dfrac{1}{3}}=\dfrac{\sqrt{3}}{3}$，故选 B.

📋【牛刀小试】

（1）函数 $f(x)=kx+2$ 的图像过点 $(-2,4)$，则 $f(-3)=($ ）.

　　A.-1 　　　　B.5 　　　　C.6 　　　　D.11

（2）设对数函数 $f(x)=\log_a x$ 的图像过点 $\left(3,-\dfrac{1}{2}\right)$，则 $f\left(\dfrac{1}{3}\right)=($ ）.

　　A.-2 　　　　B.$\dfrac{1}{2}$ 　　　　C.-1 　　　　D.2

🌐【挑战过关】

1.若 $3^x=2$，则下列等式成立的是（ ）.

　　A.$x=\sqrt{3}$ 　　　B.$x=3^2$ 　　　C.$x=\log_3 2$ 　　　D.$x=\log_2 3$

2.设指数函数 $f(x)=a^x$ 的图像过点 $(-3,8)$，则 $f\left(\dfrac{1}{2}\right)=($ ）.

　　A.4 　　　　B.$\sqrt{2}$ 　　　　C.1 　　　　D.$\dfrac{\sqrt{2}}{2}$

3.不等式 $0.3^x<1$ 的解集为（ ）.

　　A.$(0,+\infty)$ 　　B.$[0,1]$ 　　C.$(0.3,+\infty)$ 　　D.$(-\infty,0)$

4.$\log_2\sqrt{8}+e^{\lg 1}=($ ）.

　　A.$\dfrac{3}{2}$ 　　　　B.$\dfrac{5}{2}$ 　　　　C.3 　　　　D.4

5.已知 $0<\log_{\frac{1}{2}}x<1$，则 x 的取值范围是（ ）.

　　A.$(1,2)$ 　　　B.$(0,1)$ 　　　C.$\left(\dfrac{1}{2},1\right)$ 　　　D.$\left(0,\dfrac{1}{2}\right)$

6.若 $\log_x 3=2$，则下列等式成立的是（ ）.

　　A.$x=\sqrt{3}$ 　　　B.$x=\pm\sqrt{3}$ 　　　C.$x=9$ 　　　D.$x=\log_2 3$

7.设对数函数 $f(x)=\log_a x$ 的图像过点 $(9,2)$，则 $f\left(\dfrac{1}{3}\right)=($ ）.

　　A.-1 　　　　B.1 　　　　C.$\sqrt{3}$ 　　　　D.$\dfrac{1}{3}$

8.若实数 a,b 满足 $\log_{0.3}a>\log_{0.3}b>0$，则（ ）.

　　A.$0<a<b<1$ 　　B.$a>b>0$ 　　C.$0<a<b$ 　　D.$0<b<a<1$

9.若实数 a,b 满足 $\log_{(a-1)}3>\log_{(a-1)}4$，则（ ）.

　　A.$a<1$ 　　　B.$0<a<1$ 　　C.$a>2$ 　　D.$1<a<2$

10.$3^{0.5},0.5^3,\log_3 0.5$ 的大小顺序是（ ）.

　　A.$\log_3 0.5<0.5^3<3^{0.5}$ 　　　　B.$3^{0.5}<0.5^3<\log_3 0.5$

　　C.$\log_3 0.5<3^{0.5}<0.5^3$ 　　　　D.$0.5^3<3^{0.5}<\log_3 0.5$

第五单元　三角函数

◆ 主要考点思维导图 ◆

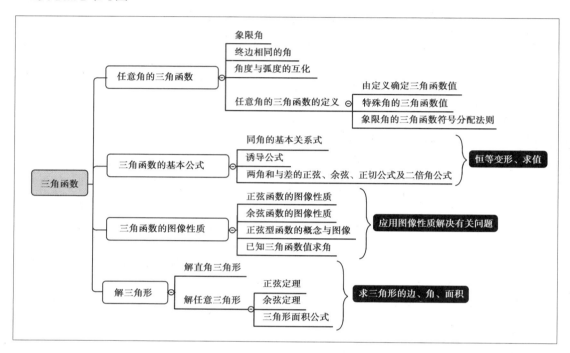

一、角度制与弧度制的相互转换

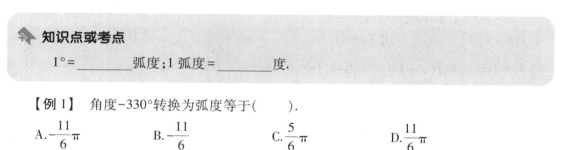

知识点或考点

　　$1° =$ _____弧度；1 弧度 $=$ _____度.

【例 1】　角度 $-330°$ 转换为弧度等于(　　).

A. $-\dfrac{11}{6}\pi$ 　　　　　　B. $-\dfrac{11}{6}$ 　　　　　　C. $\dfrac{5}{6}\pi$ 　　　　　　D. $\dfrac{11}{6}\pi$

解析：$-330° = -330 \times \dfrac{\pi}{180}\text{rad} = -\dfrac{11}{6}\pi$，故选 A.

📖 【牛刀小试】

（1）角度240°转换为弧度等于(　　).

A.$\dfrac{4}{3}$ 　　　　B.$\dfrac{4}{3}\pi$ 　　　　C.$\dfrac{7}{6}\pi$ 　　　　D.$\dfrac{5}{3}\pi$

（2）弧度$\dfrac{7}{12}\pi$转换为角度等于(　　).

A.75° 　　　　B.105° 　　　　C.115° 　　　　D.145°

（3）75°对应的弧度数等于(　　).

A.$\dfrac{5\pi}{24}$ 　　　　B.$\dfrac{5\pi}{12}$ 　　　　C.$\dfrac{7\pi}{12}$ 　　　　D.$\dfrac{15\pi}{24}$

二、象限角、终边相同的角

🔖 **知识点或考点**

终边与角 α（α 为弧度）相同的角用集合表示为_____.

【例2】　（1）$\dfrac{17}{6}\pi$ 是(　　).

A.第一象限角　　　B.第二象限角　　　C.第三象限角　　　D.第四象限角

（2）与-2 000°终边相同的最小的正角是(　　).

A.-200° 　　　　B.20° 　　　　C.160° 　　　　D.200°

解析：

（1）因为$\dfrac{17}{6}\pi=2\pi+\dfrac{5}{6}\pi$,它是第二象限角,故选 B.

（2）因为-2 000°=-360°×5+(-200°)=-360°×6+160°,故选 C.

📖 【牛刀小试】

（1）$-\dfrac{15}{4}\pi$ 是(　　).

A.第一象限角　　　B.第二象限角　　　C.第三象限角　　　D.第四象限角

（2）与3 000°终边不相同的角是(　　).

A.-240° 　　　　B.60° 　　　　C.120° 　　　　D.480°

三、任意角的三角函数定义

🔖 知识点或考点

若 $P(x,y)$ 是角 α 终边上的一点,则 $|OP|=r=$ _____,

$\sin\alpha=$ _____, $\cos\alpha=$ _____, $\tan\alpha=$ _____

$(x\neq0)$.

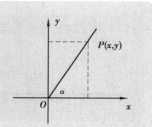

【例3】　已知角 α 的终边上一点 $P(-3,4)$,则 $\sin\alpha=$ (　　).

A. $\dfrac{4}{5}$　　　　　　B. $-\dfrac{3}{5}$　　　　　　C. $-\dfrac{3}{4}$　　　　　　D. $-\dfrac{4}{3}$

解析: 因为 $r=\sqrt{(-3)^2+4^2}=5$,所以 $\sin\alpha=\dfrac{4}{5}$,故选 A.

✍【牛刀小试】

(1)已知角 α 终边上一点 $P(-2,2\sqrt{3})$,则 $\cos\alpha=$ (　　).

A. $-\sqrt{3}$　　　　　B. $-\dfrac{1}{2}$　　　　　C. $-\dfrac{\sqrt{3}}{3}$　　　　　D. $\dfrac{\sqrt{3}}{2}$

(2)已知角 α 的终边过点 $\left(\dfrac{1}{2},-\dfrac{\sqrt{2}}{2}\right)$,则 $\tan\alpha=$ (　　).

A. $-\sqrt{2}$　　　　　B. $-\dfrac{\sqrt{2}}{2}$　　　　　C. $\dfrac{\sqrt{2}}{2}$　　　　　D. $\sqrt{2}$

四、根据三角函数符号判断象限角

🔖 知识点或考点

任意角的三角函数符号分配法则:若 $\sin\alpha>0$,则 α 是第 _____ 象限角;若 $\cos\alpha<$

0,则 α 是第 _____ 象限角;若 $\tan\alpha>0$,则 α 是第 _____ 象限角.

【例4】　若 $\sin\alpha<0$,$\cos\alpha<0$,则 α 是(　　).

A.第一象限角　　　　　B.第二象限角　　　　　C.第三象限角　　　　　D.第四象限角

解析: 因为 $\sin\alpha<0$,所以 α 是第三或第四象限角,又因为 $\cos\alpha<0$,所以 α 是第二或第三象限角,因此 α 是第三象限角,故选 C.

【牛刀小试】

（1）设 sin α>0,tan α<0,则 α 是(　　　).

A.第一象限角　　　　B.第二象限角　　　　C.第三象限角　　　　D.第四象限角

（2）若 sin α<0,cos α>0,则 α 是(　　　).

A.第一象限角　　　　B.第二象限角　　　　C.第三象限角　　　　D.第四象限角

五、特殊角的三角函数值

知识点或考点

特殊角的三角函数值表:

弧度 α	0	$\frac{\pi}{6}$	$\frac{\pi}{4}$	$\frac{\pi}{3}$	$\frac{\pi}{2}$	π	$\frac{3\pi}{2}$	2π
sin α								
cos α								
tan α								

【例 5】 （1）$\sin^2 \frac{\pi}{6} + \cos^2 \frac{\pi}{6}$ 的值是(　　　).

A.$\frac{1}{2}$　　　　　　B.$\frac{\sqrt{2}}{2}$　　　　　　C.$\frac{\sqrt{3}}{2}$　　　　　　D.1

（2）$2\sin 30° \cos 30°$ 的值是(　　　).

A.$\frac{\sqrt{3}}{4}$　　　　　　B.$\frac{1}{2}$　　　　　　C.$\frac{\sqrt{3}}{2}$　　　　　　D.1

解析:

（1）方法 1:因为 $\sin^2\alpha + \cos^2\alpha = 1$,故选 D.

方法 2:因为 $\sin^2 \frac{\pi}{6} + \cos^2 \frac{\pi}{6} = \left(\frac{1}{2}\right)^2 + \left(\frac{\sqrt{3}}{2}\right)^2 = 1$,故选 D.

（2）方法 1:因为 $2\sin 30° \cos 30° = \sin 60° = \frac{\sqrt{3}}{2}$,故选 C.

方法 2:因为原式 $= 2 \times \frac{1}{2} \times \frac{\sqrt{3}}{2} = \frac{\sqrt{3}}{2}$,故选 C.

【牛刀小试】

$\sin^2\dfrac{\pi}{4}-\tan^2\dfrac{\pi}{3}$ 的值是(　　).

A.$-\dfrac{5}{2}$　　　　　　B.$\dfrac{1}{6}$　　　　　　C.$\dfrac{5}{6}$　　　　　　D.1

六、利用同角的三角函数基本关系式求值

知识点或考点

$\sin^2\alpha+$ _____ $=1$,$\tan\alpha=$ _____.

【例6】 (1)已知 $\sin\alpha=-\dfrac{2}{3}$,α 是第四象限角,则 $\tan\alpha=$(　　).

A.-2　　　　　　B.$-\dfrac{\sqrt{5}}{2}$　　　　　　C.$-\dfrac{2\sqrt{5}}{5}$　　　　　　D.$-\dfrac{\sqrt{5}}{5}$

(2)若 $\tan\alpha=5$,则 $\dfrac{\sin\alpha-\cos\alpha}{\sin\alpha+\cos\alpha}=$(　　).

A.$\dfrac{1}{5}$　　　　　　B.$\dfrac{1}{3}$　　　　　　C.$\dfrac{2}{3}$　　　　　　D.1

解析:

(1)因为 $\sin\alpha=-\dfrac{2}{3}$,α 是第四象限角,

所以 $\cos\alpha=\sqrt{1-\sin^2\alpha}=\sqrt{1-\left(-\dfrac{2}{3}\right)^2}=\dfrac{\sqrt{5}}{3}$,$\tan\alpha=\dfrac{\sin\alpha}{\cos\alpha}=-\dfrac{2}{3}\div\dfrac{\sqrt{5}}{3}=-\dfrac{2}{\sqrt{5}}=-\dfrac{2\sqrt{5}}{5}$,

故选 C.

(2)因为 $\tan\alpha=5$,所以 $\sin\alpha=5\cos\alpha$,则 $\dfrac{\sin\alpha-\cos\alpha}{\sin\alpha+\cos\alpha}=\dfrac{5\cos\alpha-\cos\alpha}{5\cos\alpha+\cos\alpha}=\dfrac{4}{6}=\dfrac{2}{3}$,故选 C.

【牛刀小试】

(1)若 $\cos\alpha=-\dfrac{2}{3}$,α 是第三象限角,则 $\sin\alpha=$(　　).

A.$-\dfrac{\sqrt{5}}{3}$　　　　　　B.$-\dfrac{1}{3}$　　　　　　C.$\dfrac{\sqrt{5}}{3}$　　　　　　D.$\dfrac{\sqrt{5}}{2}$

(2)若 $\tan \alpha = -3, \alpha \in \left(\dfrac{\pi}{2}, \pi \right)$,则 $\sin \alpha = ($).

A. $-\dfrac{3\sqrt{10}}{10}$ B. $-\dfrac{\sqrt{10}}{10}$ C. $\dfrac{\sqrt{10}}{10}$ D. $\dfrac{3\sqrt{10}}{10}$

【挑战过关】

1.角度 $-300°$ 转换为弧度等于( ).

A. $-\dfrac{5}{3}$ B. $-\dfrac{5}{3}\pi$ C. $\dfrac{5}{3}\pi$ D. $\dfrac{11}{6}\pi$

2. $\sin \dfrac{\pi}{6} + \cos \pi$ 的值是( ).

A. $-\dfrac{1}{2}$ B. $\dfrac{1}{2}$ C.1 D. $\dfrac{\sqrt{3}}{2}$

3.已知 $\alpha \in \left(\dfrac{\pi}{2}, \pi \right), \sin \alpha = \dfrac{\sqrt{3}}{2}$,则 $\cos \alpha = ($).

A. $-\dfrac{\sqrt{3}}{2}$ B. $-\dfrac{1}{2}$ C. $\dfrac{1}{2}$ D. $\dfrac{\sqrt{3}}{2}$

4.若 $\sin \alpha \cos \alpha > 0$,且 $\sin \alpha + \cos \alpha < 0$,则 α 是( ).

A.第一象限角 B.第二象限角 C.第三象限角 D.第四象限角

5.若 $\tan \alpha = 2$,则 $\dfrac{\sin \alpha - 4 \cos \alpha}{2 \sin \alpha - 3 \cos \alpha} = ($).

A. -3 B. -2 C.2 D.4

6.已知 $\sin \alpha = \dfrac{1}{3}$,则 $\sin^4 \alpha - \cos^4 \alpha = ($).

A. -1 B. $-\dfrac{7}{9}$ C. $\dfrac{7}{9}$ D.1

7.角 α 的顶点在原点,始边与 x 轴的正半轴重合,若点 $P(-2,3)$ 在角 α 的终边上,则 $\tan \alpha = ($).

A. $\dfrac{3\sqrt{13}}{13}$ B. $-\dfrac{2\sqrt{13}}{13}$ C. $-\dfrac{3}{2}$ D. $-\dfrac{2}{3}$

8.若 $\cos \alpha = \dfrac{1}{3}$ 且 $\alpha \in \left(\dfrac{3\pi}{2}, 2\pi \right)$,则 $\tan \alpha = ($).

A. $-2\sqrt{2}$ B. $-\dfrac{2\sqrt{2}}{3}$ C. $\dfrac{2\sqrt{2}}{3}$ D. $2\sqrt{2}$

9.若角 α 的终边上一点 Q 是点 $P(1, -\sqrt{3})$ 关于 y 轴对称的点,则 $\cos \alpha = ($).

A.$-\dfrac{\sqrt{3}}{2}$ B.$-\dfrac{1}{2}$ C.$\dfrac{1}{2}$ D.$\dfrac{\sqrt{3}}{2}$

10.若角 α 的终边上一点 $P(m,8)$，且 $\sin\alpha=\dfrac{4}{5}$，则 $m=($).

A.-6 B.6 C.-6 或 6   D.3

七、诱导公式、两角和（差）以及二倍角的正弦、余弦、正切公式

📌 知识点或考点

（1）诱导公式：

①形如"$n\pi\pm\alpha(n\in\mathbf{Z})$"类型，记忆口诀是"函数名不变，符号看象限"，如 $\sin(-2\pi+\alpha)=\sin\alpha$。

②形如"$\dfrac{\pi}{2}\times$奇数$\pm\alpha$"类型，记忆口诀是"函数名要变，符号看象限"（名变即三角函数的名称改变：$\sin\leftrightarrow\cos,\tan\leftrightarrow\cot$)，如 $\sin\left(\dfrac{3}{2}\pi+\alpha\right)=-\cos\alpha$。

"符号看象限"是由任意角的三角函数符号分配法则确定.

$\sin(\pi+\alpha)=$ _____ ；$\cos\left(-\dfrac{\pi}{2}+\alpha\right)=$ _____ ；

$\cos(-\alpha)=$ _____ ；$\sin\left(\dfrac{3\pi}{2}-\alpha\right)=$ _____ .

（2）两角和与差的正弦、余弦、正切公式：

$\sin(\alpha+\beta)=$ _____ ；$\sin(\alpha-\beta)=$ _____ ；

$\cos(\alpha+\beta)=$ _____ ；$\cos(\alpha-\beta)=$ _____ ；

$\tan(\alpha+\beta)=$ _____ ；$\tan(\alpha-\beta)=$ _____ .

（3）二倍角公式：

$\sin 2\alpha=$ _____ ；

$\cos 2\alpha=$ _____ $=$ _____ $=$ _____ ；

$\tan 2\alpha=$ _____ .

【例 7】（1）若 $\cos(-\alpha)=\dfrac{3}{5}$，则 $\sin\left(\dfrac{\pi}{2}+\alpha\right)=($).

A.$-\dfrac{4}{5}$ B.$-\dfrac{3}{5}$ C.$\dfrac{3}{5}$ D.$\dfrac{4}{5}$

（2）$\cos\left(-\dfrac{16}{3}\pi\right)=($).

A. $-\dfrac{\sqrt{3}}{2}$ B. $-\dfrac{1}{2}$ C. $\dfrac{1}{2}$ D. $\dfrac{\sqrt{3}}{2}$

解析：

(1)因为 $\cos(-\alpha)=\cos\alpha$，$\sin\left(\dfrac{\pi}{2}+\alpha\right)=\cos\alpha$，故选 C.

(2)因为 $\cos\left(-\dfrac{16}{3}\pi\right)=\cos\left(-5\pi-\dfrac{\pi}{3}\right)=-\cos\dfrac{\pi}{3}=-\dfrac{1}{2}$，故选 B.

【牛刀小试】

(1)若 $\cos(\pi-\alpha)=\dfrac{1}{3}$，则 $\sin\left(\dfrac{\pi}{2}-\alpha\right)=($ $)$.

A. $-\dfrac{2\sqrt{2}}{3}$ B. $-\dfrac{1}{3}$ C. $\dfrac{1}{3}$ D. $\dfrac{2\sqrt{2}}{3}$

(2)计算：$\tan\dfrac{5}{3}\pi=($ $)$.

A. $-\sqrt{3}$ B. $-\dfrac{\sqrt{3}}{3}$ C. $\dfrac{\sqrt{3}}{3}$ D. $\sqrt{3}$

【例8】 计算：$\sin 255°=($ $)$.

A. $\dfrac{\sqrt{6}-\sqrt{2}}{4}$ B. $\dfrac{\sqrt{6}+\sqrt{2}}{4}$ C. $\dfrac{\sqrt{2}-\sqrt{6}}{4}$ D. $\dfrac{-\sqrt{6}-\sqrt{2}}{4}$

解析：$\sin 255°=\sin(180°+75°)=-\sin 75°$

$$=-\sin(45°+30°)=-(\sin 45°\cos 30°+\cos 45°\sin 30°)=-\dfrac{\sqrt{6}+\sqrt{2}}{4}$$

故选 D.

【牛刀小试】

(1)计算：$\sin 23°\cos 37°+\cos 23°\sin 37°=($ $)$.

A. $-\dfrac{\sqrt{3}}{2}$ B. $-\dfrac{1}{2}$ C. $\dfrac{1}{2}$ D. $\dfrac{\sqrt{3}}{2}$

(2)计算：$\cos 104°\cos 16°-\sin 104°\sin 16°=($ $)$.

A. $-\dfrac{\sqrt{3}}{2}$ B. $-\dfrac{1}{2}$ C. $\dfrac{1}{2}$ D. $\dfrac{\sqrt{3}}{2}$

【例9】 若 $\sin \alpha = \dfrac{\sqrt{5}}{5}$，$\alpha \in \left(\dfrac{\pi}{2}, \pi \right)$，则 $\sin 2\alpha = ($ $)$.

A. $-\dfrac{4}{5}$ B. $\dfrac{1}{5}$ C. $\dfrac{4}{5}$ D. $\dfrac{2\sqrt{5}}{5}$

解析：因为 $\sin \alpha = \dfrac{\sqrt{5}}{5}$，$\alpha \in \left(\dfrac{\pi}{2}, \pi \right)$，所以 $\cos \alpha = -\sqrt{1 - \sin^2 \alpha} = -\dfrac{2\sqrt{5}}{5}$.

$\sin 2\alpha = 2 \sin \alpha \cos \alpha = 2 \times \dfrac{\sqrt{5}}{5} \times \left(-\dfrac{2\sqrt{5}}{5} \right) = -\dfrac{4}{5}$，故选 A.

【牛刀小试】

已知 $\sin \alpha = -\dfrac{3}{5}$，$\alpha \in \left(\pi, \dfrac{3}{2}\pi \right)$，则 $\sin 2\alpha = ($ $)$，$\cos \left(\dfrac{\pi}{6} + \alpha \right) = ($ $)$.

A. $\dfrac{3 - 4\sqrt{3}}{10}$ B. $-\dfrac{3 + 4\sqrt{3}}{10}$ C. $-\dfrac{24}{25}$ D. $\dfrac{24}{25}$

🌐【挑战过关】

1. 计算：$\sin \dfrac{19}{6}\pi = ($ $)$.

A. $-\dfrac{\sqrt{3}}{2}$ B. $-\dfrac{1}{2}$ C. $\dfrac{1}{2}$ D. $\dfrac{\sqrt{3}}{2}$

2. 计算：$\cos 15° = ($ $)$.

A. $\dfrac{-\sqrt{6} - \sqrt{2}}{4}$ B. $\dfrac{\sqrt{2} - \sqrt{6}}{4}$ C. $\dfrac{\sqrt{6} - \sqrt{2}}{4}$ D. $\dfrac{\sqrt{6} + \sqrt{2}}{4}$

3. 计算：$\dfrac{1 - \tan 15°}{1 + \tan 15°} = ($ $)$.

A. $-\dfrac{\sqrt{3}}{3}$ B. 0 C. $\dfrac{\sqrt{3}}{3}$ D. $\sqrt{3}$

4. 计算：$\cos 240° = ($ $)$.

A. $-\dfrac{\sqrt{3}}{2}$ B. $-\dfrac{1}{2}$ C. $\dfrac{1}{2}$ D. $\dfrac{\sqrt{3}}{2}$

5. 已知角 α 终边上有一点 $P(3, -1)$，则 $\sin(\pi - 2\alpha) = ($ $)$.

A. $-\dfrac{3}{5}$ B. $-\dfrac{\sqrt{10}}{5}$ C. $\dfrac{3}{5}$ D. $\sqrt{3}$

6. 设 $\cos \left(\dfrac{\pi}{2} + \alpha \right) = -\dfrac{1}{3}$，则 $\sin(-\alpha) = ($ $)$.

A. $-\dfrac{2\sqrt{2}}{3}$　　　　B. $-\dfrac{1}{3}$　　　　C. $\dfrac{1}{3}$　　　　D. $\dfrac{2\sqrt{2}}{3}$

7. 已知：$\sin\alpha+\cos\alpha=\dfrac{3}{5}$，则 $\sin 2\alpha=$（　　　）.

A. $\dfrac{9}{25}$　　　　B. $\dfrac{4}{5}$　　　　C. $-\dfrac{16}{25}$　　　　D. $\dfrac{6}{5}$

8. 若 $\sin\alpha=\dfrac{4}{5}$，α 是第二象限角，则 $\cos\left(\alpha-\dfrac{\pi}{3}\right)=$（　　　）.

A. $-\dfrac{3+4\sqrt{3}}{10}$　　　　B. $\dfrac{3-4\sqrt{3}}{10}$　　　　C. $\dfrac{3\sqrt{3}-4}{10}$　　　　D. $\dfrac{4\sqrt{3}-3}{10}$

9. 若 $\cos\alpha=\dfrac{3}{5}$，α 是第四象限角，则 $\tan\left(\alpha-\dfrac{\pi}{4}\right)=$（　　　）.

A. -7　　　　B. $-\dfrac{7}{3}$　　　　C. $-\dfrac{1}{7}$　　　　D. 7

10. 已知：$\sin 2\alpha=\dfrac{1}{3}$，$\alpha\in\left(\dfrac{\pi}{4},\dfrac{\pi}{2}\right)$，则 $\sin\alpha-\cos\alpha=$（　　　）.

A. $-\dfrac{\sqrt{6}}{3}$　　　　B. $\dfrac{\sqrt{3}}{3}$　　　　C. $\dfrac{\sqrt{6}}{3}$　　　　D. $\dfrac{2}{3}$

八、正弦、余弦、正弦型函数的图像和性质

知识点或考点

（1）正弦函数的图像和性质：

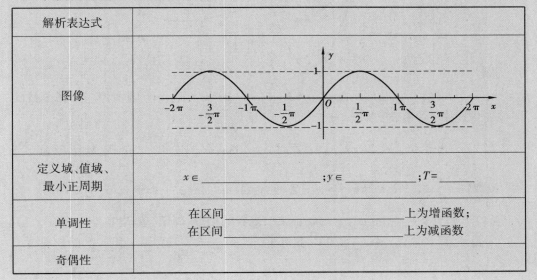

解析表达式	
图像	
定义域、值域、最小正周期	$x\in$＿＿＿＿＿＿＿＿＿＿；$y\in$＿＿＿＿＿＿＿＿＿＿；$T=$＿＿＿＿
单调性	在区间＿＿＿＿＿＿＿＿＿＿＿＿上为增函数； 在区间＿＿＿＿＿＿＿＿＿＿＿＿上为减函数
奇偶性	

（2）余弦函数的图像和性质：

解析表达式	
图像	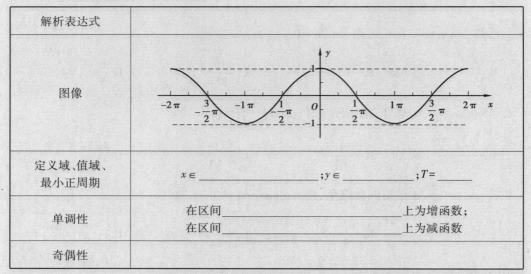
定义域、值域、最小正周期	$x\in$ _____；$y\in$ _____；$T=$ _____
单调性	在区间 _____上为增函数； 在区间 _____上为减函数
奇偶性	

（3）正弦型函数的单调性：

正弦型函数 $y=A\sin(\omega x+\varphi)$ $(A>0,\omega>0)$ 的图像如下：

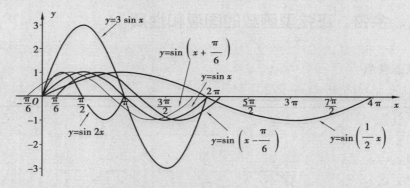

在一个周期内，正弦型函数 $f(x)=A\sin(\omega x+\varphi)$ $(A>0,\omega>0)$ 的图像与正弦函数的图像变化规律完全相同，所以

当 $2k\pi-\dfrac{\pi}{2}\leqslant\omega x+\varphi\leqslant 2k\pi+\dfrac{\pi}{2}$，$k\in\mathbf{Z}$ 时，$y=A\sin(\omega x+\varphi)$ $(A>0,\omega>0)$ 为增函数；

当 $2k\pi+\dfrac{\pi}{2}\leqslant\omega x+\varphi\leqslant 2k\pi+\dfrac{3\pi}{2}$，$k\in\mathbf{Z}$ 时，$y=A\sin(\omega x+\varphi)$ $(A>0,\omega>0)$ 为减函数.

（4）形如 $f(x)=A\sin(\omega x+\varphi)+m$ 正弦型函数的最值、周期、单调性：

①最大值 $f(x)_{\max}=$ _____，最小值 $f(x)_{\min}=$ _____，最小正周期是 $T=$ _____.

②若 $A>0$,$\omega>0$,则当_____≤$\omega x+\varphi$≤_____时,$y=A\sin(\omega x+\varphi)+m$ 为增函数;当_____≤$\omega x+\varphi$≤_____时,$y=A\sin(\omega x+\varphi)+m$ 为减函数.

③形如函数 $y=a\sin\omega x+b\cos\omega x$,可化简为 $y=\sqrt{a^2+b^2}\sin(\omega x+\varphi)$(其中 $\tan\varphi=\dfrac{b}{a}$),最大值 $y_{max}=$ _____,最小值 $y_{min}=$ _____,最小正周期 $T=$ _____.

【例 10】 函数 $f(x)=2\sin^2 x-1$ 的最小正周期为( ).

A.$\dfrac{\pi}{2}$ B.π C.2π D.4π

解析:因为函数 $y=\sin^2 x$ 的最小正周期是 π,所以 $f(x)=2\sin^2 x-1$ 的最小正周期与它相同,故选 B.

另解:$f(x)=-(1-2\sin^2 x)=-\cos 2x$,最小正周期是 π.

【牛刀小试】

(1)函数 $y=\cos 2x$ 的最小正周期为( ).

A.$\dfrac{\pi}{2}$ B.2 C.π D.2π

(2)函数 $f(x)=1-\sin x$ 在 $[0,2\pi]$ 上的增区间为( ).

A.$\left[0,\dfrac{\pi}{2}\right]$ B.$[0,\pi]$ C.$\left[\dfrac{\pi}{2},\dfrac{3}{2}\pi\right]$ D.$\left[\dfrac{3\pi}{2},2\pi\right]$

【例 11】 函数 $f(x)=\dfrac{1}{1+\cos x}$ 的定义域是( ).

A.$\{x\mid x\neq -1\}$ B.$\{x\mid x\neq\pi\}$

C.$\{x\mid x\neq 2k\pi,k\in\mathbf{Z}\}$ D.$\{x\mid x\neq 2k\pi+\pi,k\in\mathbf{Z}\}$

解析:要使原函数有意义,必须满足 $1+\cos x\neq 0$,即 $\cos x\neq -1$,所以定义域是 $\{x\mid x\neq 2k\pi+\pi,k\in\mathbf{Z}\}$,故选 D.

【牛刀小试】

函数 $f(x)=2-\cos x$ 在 $[0,2\pi]$ 上的减区间是( ).

A.$\left[0,\dfrac{\pi}{2}\right]$ B.$[0,\pi]$ C.$\left[\dfrac{\pi}{2},\dfrac{3}{2}\pi\right]$ D.$[\pi,2\pi]$

【例 12】 设函数 $f(x) = \sin\left(\dfrac{x}{3} - \dfrac{\pi}{6}\right)$，则 $f(x)$（   ）.

    A. 在 $\left[-\dfrac{\pi}{2}, \dfrac{\pi}{2}\right]$ 上单调增加   B. 在 $[-\pi, 2\pi]$ 上单调减少

    C. 在 $[-4\pi, \pi]$ 上单调增加   D. 在 $[2\pi, 5\pi]$ 上单调减少

解析： 因为当 $2k\pi - \dfrac{\pi}{2} \leqslant \dfrac{x}{3} - \dfrac{\pi}{6} \leqslant 2k\pi + \dfrac{\pi}{2}, k \in \mathbf{Z}$ 时，$f(x)$ 为增函数.

    解得 $6k\pi - \pi \leqslant x \leqslant 6k\pi + 2\pi, k \in \mathbf{Z}$，

    所以原函数在区间 $[-7\pi, -4\pi], [-\pi, 2\pi], [5\pi, 8\pi], \cdots$ 上为增函数.

    又当 $2k\pi + \dfrac{\pi}{2} \leqslant \dfrac{x}{3} - \dfrac{\pi}{6} \leqslant 2k\pi + \dfrac{3\pi}{2}, k \in \mathbf{Z}$ 时，$f(x)$ 为减函数.

    解得 $6k\pi + 2\pi \leqslant x \leqslant 6k\pi + 5\pi, k \in \mathbf{Z}$，

    所以原函数在区间 $[-4\pi, -\pi], [2\pi, 5\pi], [8\pi, 11\pi], \cdots$ 上为减函数，故选 D.

📋 **【牛刀小试】**

设函数 $f(x) = \sin 3x + 1, x \in \left[-\dfrac{\pi}{6}, \dfrac{2}{3}\pi\right]$，下列说法错误的是（   ）.

    A. 在 $\left[-\dfrac{\pi}{6}, \dfrac{\pi}{6}\right]$ 上单调增加   B. 在 $\left[\dfrac{\pi}{6}, \dfrac{\pi}{2}\right]$ 上单调减少

    C. 在 $\left[\dfrac{\pi}{2}, \dfrac{2\pi}{3}\right]$ 上单调增加   D. 在 $\left[\dfrac{\pi}{2}, \dfrac{3\pi}{2}\right]$ 上单调减少

【例 13】 （1）函数 $y = -5\sin\left(-4x + \dfrac{\pi}{11}\right) + 2$ 的最大值是（   ）.

    A. -3 B. -5 C. 5   D. 7

（2）函数 $y = -3\sin 2x + 4\cos 2x$ 的最大值是（   ）.

    A. 1   B. -5 C. 5   D. 7

解析：

（1）因为 $y_{\max} = |-5| + 2 = 7$，故选 D.

（2）因为 $y_{\max} = \sqrt{(-3)^2 + 4^2} = 5$，故选 C.

📋 **【牛刀小试】**

函数 $f(x) = \cos^2 3x - \sin^2 3x$ 的最小正周期是（   ）.

A. $\dfrac{1}{3}$ B. $\dfrac{\pi}{3}$ C. $\dfrac{2\pi}{3}$ D. $\dfrac{3\pi}{2}$

【例 14】 设 $x \in \left[-\dfrac{\pi}{4}, \dfrac{\pi}{8}\right]$ 时，$\cos^2 x - \sin x \cos x$ 的取值范围为（   ）.

A. $\left[0, \dfrac{1}{2}\right]$ B. $\left[-\dfrac{1}{2}, 1\right]$ C. $\left[\dfrac{1}{2}, \dfrac{1+\sqrt{2}}{2}\right]$ D. $\left[1, \dfrac{1+\sqrt{2}}{2}\right]$

解析：

设 $f(x) = \cos^2 x - \sin x \cos x = \dfrac{1}{2}(2\cos^2 x - 2\sin x \cos x) = \dfrac{1}{2}(2\cos^2 x - 1 + 1 - \sin 2x) = \dfrac{1}{2}(\cos 2x +$

$1 - \sin 2x) = -\dfrac{1}{2}(\sin 2x - \cos 2x) + \dfrac{1}{2} = -\dfrac{\sqrt{2}}{2}\left(\sin 2x \cos \dfrac{\pi}{4} - \cos 2x \sin \dfrac{\pi}{4}\right) + \dfrac{1}{2} = -\dfrac{\sqrt{2}}{2}\sin\left(2x - \dfrac{\pi}{4}\right) + \dfrac{1}{2}.$

因为 $x \in \left[-\dfrac{\pi}{4}, \dfrac{\pi}{8}\right]$，所以 $2x - \dfrac{\pi}{4} \in \left[-\dfrac{3\pi}{4}, 0\right]$，类比正弦函数得：当 $2x - \dfrac{\pi}{4} = -\dfrac{3\pi}{2}$ 时，

$f(x)_{\max} = -\dfrac{\sqrt{2}}{2}\sin\left(-\dfrac{\pi}{2}\right) + \dfrac{1}{2} = \dfrac{\sqrt{2}}{2} + \dfrac{1}{2} = \dfrac{1+\sqrt{2}}{2}$；当 $2x - \dfrac{\pi}{4} = 0$ 时，$f(x)_{\min} = -\dfrac{\sqrt{2}}{2}\sin 0 + \dfrac{1}{2} = 0 + \dfrac{1}{2} =$

$\dfrac{1}{2}$，所以 $\cos^2 x - \sin x \cos x$ 的取值范围为 $\left[\dfrac{1}{2}, \dfrac{1+\sqrt{2}}{2}\right]$，故选 C.

九、已知三角函数值求指定区间的角

【例 15】 已知角 $\alpha \in (0, 2\pi)$ 且 $\sin \alpha = -\dfrac{1}{2}$，则 $\alpha = ($).

A. $-\dfrac{\pi}{6}$ B. $\dfrac{\pi}{6}$ C. $\dfrac{4\pi}{3}$ 或 $\dfrac{5\pi}{3}$ D. $\dfrac{7\pi}{6}$ 或 $\dfrac{11\pi}{6}$

解析： 因为 $\alpha_0 \in \left(0, \dfrac{\pi}{2}\right)$ 且 $\sin \alpha_0 = \dfrac{1}{2}$ 时，则 $\alpha_0 = \dfrac{\pi}{6}$，又因为 $\alpha \in (0, 2\pi)$ 且 $\sin \alpha = -\dfrac{1}{2}$，所

以 α 是第三或四象限角，$\alpha = \dfrac{7\pi}{6}$ 或 $\dfrac{11\pi}{6}$.

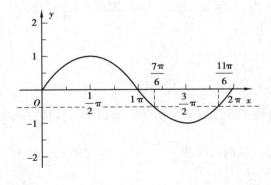

另解:采用数形结合法,画出给定区间上的正弦函数,如图所示,然后根据函数值找出符合条件的角,最后正确表示所求的角.

 【牛刀小试】

已知角 $\alpha \in (0, 2\pi)$ 且 $\cos \alpha = -\dfrac{1}{2}$,则 $\alpha =$ (   ).

A. $-\dfrac{\pi}{3}$ B. $\dfrac{\pi}{3}$ C. $\dfrac{2\pi}{3}$ 或 $\dfrac{4\pi}{3}$ D. $\dfrac{5\pi}{6}$ 或 $\dfrac{7\pi}{6}$

十、函数图像的平移

知识点或考点

（1）点的平移:口诀"左减右加,上加下减".
（2）图像的平移:口诀"左加右减,上加下减".

【例 16】 已知 $\omega > 0, 0 < \varphi < \pi$,直线 $x = \dfrac{\pi}{3}$ 和 $x = \dfrac{4\pi}{3}$ 是函数 $f(x) = \sin(\omega x + \varphi)$ 图像的两条相邻的对称轴,则 $\varphi =$ (   ).

A. $\dfrac{\pi}{6}$ B. $\dfrac{\pi}{3}$

C. $\dfrac{2\pi}{3}$ D. $\dfrac{5\pi}{6}$

解析:如图所示,$\dfrac{4\pi}{3} - \dfrac{\pi}{3} = \dfrac{T}{2}$,所以 $T = 2\pi$,而函数 $f(x) = \sin(\omega x + \varphi)$ 是由 $g(x) = \sin x$ 向左平移 $\dfrac{\pi}{2} - \dfrac{\pi}{3} = \dfrac{\pi}{6}$ 而得,又因为 $T = 2\pi$,所以 $\omega = 1$,因此 $\varphi = \dfrac{\pi}{6}$,故选 A.

 【牛刀小试】

函数 $y = \sin 2\left(x - \dfrac{\pi}{3}\right)$ 的图像是由函数 $y = \sin 2x$ 以下列哪种方法变换而得?(   )

A. 向左平移 $\dfrac{\pi}{6}$ B. 向右平移 $\dfrac{\pi}{6}$ C. 向左平移 $\dfrac{\pi}{3}$ D. 向右平移 $\dfrac{\pi}{3}$

【挑战过关】

1.函数 $f(x)=3\sin\left(2x+\dfrac{\pi}{4}\right)-1$ 的最小正周期和最大值分别是( ).

  A.$\dfrac{\pi}{4}$和2   B.$\dfrac{\pi}{2}$和3   C.π 和2   D.π 和3

2.已知角 $\alpha\in(0,\pi)$ 且 $\cos\alpha=\dfrac{1}{2}$,则 $\alpha=($).

  A.$\dfrac{\pi}{6}$ B.$\dfrac{\pi}{3}$ C.$\dfrac{2\pi}{3}$ D.$\dfrac{5\pi}{6}$

3.函数 $f(x)=3-\cos x,x\in[0,2\pi]$,其增函数区间是(   ).

  A.$\left[0,\dfrac{\pi}{2}\right]$ B.$[0,\pi]$ C.$\left[\dfrac{\pi}{2},\dfrac{3}{2}\pi\right]$ D.$[\pi,2\pi]$

4.函数 $y=\cos^2 4x-3$ 的最小正周期是(   ).

  A.$\dfrac{\pi}{4}$ B.$\dfrac{\pi}{2}$ C.π D.2π

5.函数 $f(x)=-2\sqrt{3}\sin 4x+2\cos 4x$ 的最小正周期和最大值分别是(   ).

  A.最大值是-4;最小正周期为$\dfrac{\pi}{2}$ B.最大值是4;最小正周期为$\dfrac{\pi}{2}$

  C.最大值是-4;最小正周期为4π D.最大值是4;最小正周期为π

6.函数 $y=\sin x\cos x$ 的最大值和最小正周期分别是(   ).

  A.最大值是1;最小正周期为2π B.最大值是$\dfrac{1}{2}$;最小正周期为π

  C.最大值是$\dfrac{1}{2}$;最小正周期为2π D.最大值是$\dfrac{1}{2}$;最小正周期为4π

7.已知 $\sin\alpha=\dfrac{\sqrt{3}}{2}$,且 $\alpha\in(0,\pi)$,则 $\alpha=($).

  A.$\dfrac{\pi}{6}$ B.$\dfrac{\pi}{3}$ C.$\dfrac{2\pi}{3}$ D.$\dfrac{\pi}{3}$或$\dfrac{2\pi}{3}$

8.函数 $f(x)=\dfrac{1}{1-\sin x}$的定义域是(   ).

  A.$\{x\mid x\neq 1\}$ B.$\left\{x\mid x\neq\dfrac{\pi}{2}\right\}$

  C.$\{x\mid x\neq 2k\pi,k\in\mathbf{Z}\}$ D.$\left\{x\mid x\neq 2k\pi+\dfrac{\pi}{2},k\in\mathbf{Z}\right\}$

9.已知函数 $f(x) = A\sin\omega x$ 的图像如下,则下列表述正确的是(   ).

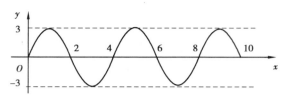

A.$A=3$,$\omega=4$　　　　B.$A=3$,$\omega=\dfrac{1}{2}$　　　　C.$A=3$,$\omega=\dfrac{1}{2}\pi$　　　　D.$A=-3$,$\omega=\dfrac{1}{2}$

10.将函数 $y=\sqrt{3}\sin\left(2x-\dfrac{\pi}{6}\right)+\cos\left(2x-\dfrac{\pi}{6}\right)$ 的图像向左平移 $\varphi(0<\varphi<\pi)$ 个单位后得到 $y=$

$2\sin\left(2x+\dfrac{\pi}{6}\right)$ 的图像,则 $\varphi=($).

A.$\dfrac{\pi}{12}$　　　　　　B.$\dfrac{\pi}{6}$　　　　　　C.$\dfrac{5\pi}{6}$　　　　　　D.$\dfrac{11\pi}{12}$

十一、解三角形

知识点或考点

（1）直角三角形边角关系:如图所示,在直角 $\triangle ABC$ 中,a,b,c 分别是 A,B,C 的对边.

勾股定理:$c^2=$ _____.

边角关系:$\sin B=\cos A=$ _____,$\cos B=\sin A=$ _____,

$\tan B=\cot A=$ _____.

（2）任意角的边角关系:正弦定理、余弦定理、面积公式.

如图所示,在 $\triangle ABC$ 中,a,b,c 分别是 A,B,C 的对边.

①正弦定理:$\dfrac{a}{\sin A}=$ _____ $=$ _____.

②余弦定理:$a^2=b^2+c^2-2bc\cos A$,$b^2=$ _____,$c^2=$ _____,

　　或 $\cos A=$ _____,$\cos B=$ _____,$\cos C=$ _____.

③面积公式:$S_\triangle=\dfrac{1}{2}$ 底×高;$S_\triangle=\dfrac{1}{2}bc\sin A=$ _____ $=$ _____.

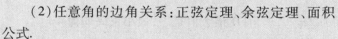

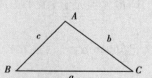

【例 17】　在 $\triangle ABC$ 中,已知 $C=45°$,$\dfrac{AC}{AB}=\dfrac{\sqrt{6}}{2}$,则 $B=($).

A.$30°$　　　　　　B.$45°$　　　　　　C.$60°$　　　　　　D.$60°$或$120°$

解析:由 $\dfrac{AC}{\sin B}=\dfrac{AB}{\sin C}$ 得,$\dfrac{AC}{AB}=\dfrac{\sin B}{\sin C}$,所以 $\dfrac{\sin B}{\dfrac{\sqrt{2}}{2}}=\dfrac{\sqrt{6}}{2}$,解得 $\sin B=\dfrac{\sqrt{3}}{2}$.

因为 $0°<B<180°$,所以 $B=60°$ 或 $120°$,故选 D.

【例18】 在 $\triangle ABC$ 中,内角 A,B,C 所对的边分别为 a,b,c,若 $a=2\sqrt{2}$,$b=3$,$\angle C=\dfrac{\pi}{4}$,则 $c=(\qquad)$.

    A.$\sqrt{5}$ B.$\sqrt{11}$ C.5   D.$\sqrt{29}$

解析:由余弦定理 $c^2=a^2+b^2-2ab\cos C$ 得 $c=\sqrt{a^2+b^2-2ab\cos C}=\sqrt{8+9-12\sqrt{2}\times\dfrac{\sqrt{2}}{2}}=\sqrt{5}$,故选 A.

【牛刀小试】

(1)在 $\triangle ABC$ 中,B 为锐角,$AB=6$,$BC=8$,且 $S_{\triangle ABC}=12\sqrt{3}$,则 $AC=(\qquad)$.

    A.10   B.$2\sqrt{13}$ C.$2\sqrt{37}$ D.$2\sqrt{13}$ 或 $2\sqrt{37}$

(2)在 $\triangle ABC$ 中,内角 A,B,C 所对的边分别为 a,b,c,若 $a=3$,$c=2$,$\cos A=-\dfrac{4}{5}$,则 $\sin C=(\qquad)$.

    A.$\dfrac{1}{5}$ B.$\dfrac{2}{5}$ C.$\dfrac{3}{5}$ D.$\dfrac{4}{5}$

【挑战过关】

1.已知 $AB=5$,$BC=6$,$AC=8$,则 $\triangle ABC$ 是$(\qquad)$.

    A.锐角三角形   B.钝角三角形   C.直角三角形   D.无法确定

2.在面积为 8 的锐角 $\triangle ABC$ 中,$AB=4$,$BC=5$,则 $\cos B=(\qquad)$.

    A.$\dfrac{3}{5}$ B.$\dfrac{4}{5}$ C.$\pm\dfrac{3}{5}$ D.$\pm\dfrac{4}{5}$

3.在 $\triangle ABC$ 中,$AC=8\sqrt{3}$,$BC=8$,$B=60°$,则 $A=(\qquad)$.

    A.30°   B.60°   C.150°   D.30° 或 150°

4.在 $\triangle ABC$ 中,已知 $BC=4$,$AC=3$,$C=120°$,则 $AB=(\qquad)$.

    A.$\sqrt{13}$ B.5   C.$\sqrt{37}$ D.$\sqrt{25+4\sqrt{3}}$

5.在 $\triangle ABC$ 中,$BC=4\sqrt{3}$,$AC=4$,$C=30^\circ$,则 $\sin A=($).

A.$-\dfrac{\sqrt{3}}{2}$ B.$-\dfrac{1}{2}$ C.$\dfrac{1}{2}$ D.$\dfrac{\sqrt{3}}{2}$

6.在 $\triangle ABC$ 中,$AC=15$,$BC=10$,$B=60^\circ$,则 $\sin A=($).

A.$-\dfrac{\sqrt{6}}{3}$ B.$-\dfrac{\sqrt{3}}{3}$ C.$\dfrac{\sqrt{3}}{3}$ D.$\dfrac{\sqrt{6}}{3}$

7.在 $\triangle ABC$ 中,若 $BC=2$,$C=60^\circ$,$\cos A=\dfrac{2\sqrt{2}}{3}$,则 $AB=($).

A.$3\sqrt{3}$ B.$2\sqrt{3}$ C.$\dfrac{3\sqrt{3}}{2}$ D.$\sqrt{3}$

8.在 $\triangle ABC$ 中,若 $B=120^\circ$,$AB=2$,$AC=2\sqrt{3}$,则 $\triangle ABC$ 的面积为( ).

A.$4\sqrt{3}$ B.4 C.2 D.$\sqrt{3}$

9.在某城市规划中,要建设一个四边形公园,如图所示,经测量 $AB=BC=8$ km,$AD=10$ km,$\angle BAD=60^\circ$,$\angle BCD=120^\circ$,则该公园的面积为( ).

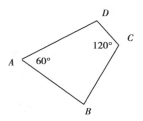

A.24 km^2 B.$24\sqrt{3}$ km^2

C.42 km^2 D.$40\sqrt{3}$ km^2

10.在 $\triangle ABC$ 中,$BC=2$,$B=120^\circ$,若 $\triangle ABC$ 的面积为 $3\sqrt{3}$,则 $AC=($).

A.$2\sqrt{13}$ B.$2\sqrt{7}$ C.$4\sqrt{3}$ D.6

第六单元 数 列

◆ **主要考点思维导图** ◆

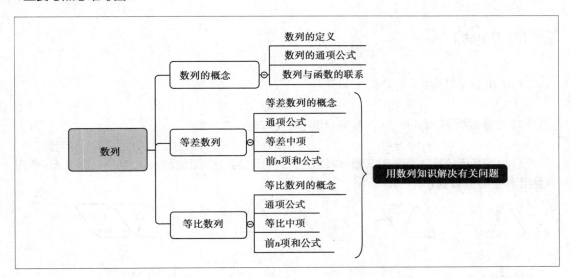

一、等差数列

知识点或考点

名 称	等差数列
定义 （文字描述）	从第二项起每一项与它的前一项的_____都等于同一个常数的数列,这个常数称为_____,记作_____
定义 （代数式表示）	$a_n - a_{n-1} =$ _____
通项公式	$a_n =$ _____
等差中项	若 a,b,c 成等差数列,则 b 称为 a 和 c 的等差中项,$b=$ _____
前 n 项和	$S_n =$ _____
	$S_n =$ _____
若公差为 d,则相邻 3 个数为等差数列可设为: _____,a,_____	

【例1】 设 S_n 为等差数列 $\{a_n\}$ 的前 n 项和,若 $S_4 = 5a_3$,则 $\dfrac{S_6}{S_3} = ($ $)$.

A.1   B.2   C.3   D.6

解析:设等差数列 $\{a_n\}$ 的公差为 d,由 $S_4 = 5a_3$ 得 $4a_1 + 6d = 5(a_1 + 2d)$,解得 $a_1 = -4d$.所以 $S_6 = 6a_1 + \dfrac{6 \times 5d}{2} = -9d$,$S_3 = 3a_1 + 3d = -9d$,所以 $\dfrac{S_6}{S_3} = \dfrac{-9d}{-9d} = 1$,故选 A.

📖【牛刀小试】

(1)4 和 16 的等差中项是(   ).

A.15   B.10   C.±8   D.4

(2)在等差数列 $\{a_n\}$ 中,$a_2 = 8$,$a_5 = 20$,则公差是(   ).

A.4   B.−4   C.±4   D.5

(3)如图所示,第一个图用 3 根木棒摆成三角形,第二个图加两根木棒,…,则第 60 个图形需用木棒的根数为(   ).

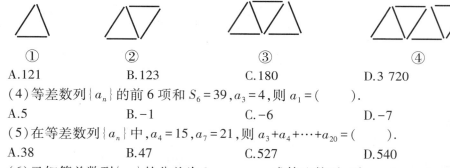

①   ②   ③   ④

A.121   B.123   C.180   D.3 720

(4)等差数列 $\{a_n\}$ 的前 6 项和 $S_6 = 39$,$a_3 = 4$,则 $a_1 = ($ $)$.

A.5   B.−1   C.−6   D.−7

(5)在等差数列 $\{a_n\}$ 中,$a_4 = 15$,$a_7 = 21$,则 $a_3 + a_4 + \cdots + a_{20} = ($ $)$.

A.38   B.47   C.527   D.540

(6)已知等差数列 $\{a_n\}$ 的公差为 2,a_1,a_3,a_4 成等比数列,则 $a_1 = ($ $)$.

A.−8   B.−2   C.2   D.8

二、等比数列

🔺 **知识点或考点**

名　称	等比数列
定义 (文字描述)	从第二项起每一项与它的前一项的_____都等于同一个常数的数列,这个常数称为_____,记作_____
定义 (代数式表示)	$\dfrac{a_n}{a_{n-1}} = $ _____

续表

名 称	等比数列
通项公式	$a_n =$ _____
等比中项	若 a,b,c 成等比数列,则 b 称为 a 和 c 的等比中项,$b =$ _____
前 n 项和	$S_n =$ _____
	$S_n =$ _____
若公比为 q,则相邻 3 个数为等比数列可设为: _____ ,a, _____	

【例2】 在等比数列 $\{a_n\}$ 中,若 $a_2 = 4$,$a_4 = 16$,则 $a_1 = ($ $)$.

A.$\dfrac{1}{2}$ B.$\dfrac{3}{2}$ C.2 D.-2 或 2

解析:设等比数列 $\{a_n\}$ 的公比为 q,则 $q^2 = \dfrac{a_4}{a_2} = 4$,所以 $q = \pm 2$,$a_1 = \dfrac{a_2}{q}$,故选 D.

【牛刀小试】

(1)2 和 8 的等比中项是( ).

A.4 B.-4 C.± 4 D.5

(2)在等比数列 $\{a_n\}$ 中,$a_4 = 2$,$a_7 = -16$,则公比 $q = ($ $)$.

A.2 B.-2 C.± 2 D.8

(3)在等比数列 $\{a_n\}$ 中,$a_2 + a_3 = 12$,$a_2 - a_4 = 6$,则公比 $q = ($ $)$.

A.$\dfrac{1}{2}$ B.2 C.3 D.4

(4)在等比数列 $\{a_n\}$ 中,$a_2 + a_4 = 30$,$a_3 + a_5 = 60$,$a_1 = ($ $)$.

A.2 B.3 C.4 D.5

(5)在等比数列 $\{a_n\}$ 中,$a_2 = 4$,$a_5 = -8$,$a_{11} = ($ $)$.

A.± 32 B.-2 C.-24 D.-32

(6)在等比数列 $\{a_n\}$ 中,$a_1 = 1$,$a_4 = -8$,则 $\{a_n\}$ 的前 5 项和为( ).

A.-25 B.-5 C.11 D.31

【挑战过关】

1.已知等比数列 $\{a_n\}$ 的首项为 1,公比为 2,则 $a_3 = ($ $)$.

A.1 B.2 C.4 D.8

2.在等差数列 $\{a_n\}$ 中,$a_5 = 1$,公差 $d = -2$,则 $a_8 = ($ $)$.

A.−5   B.−4   C.5   D.7

3.在等差数列 $\{a_n\}$ 中,$a_5+a_7=6$,则 $a_6=($).

A.1   B.2   C.3   D.4

4.设 $\{a_n\}$ 为等差数列,$a_1=6$,公差 $d=2$,则该数列的前 20 项和为(   ).

A.44   B.500   C.600   D.700

5.已知等比数列 $\{a_n\}$ 的首项为 3,公比为 −2,则 $a_3=($).

A.−12   B.−6   C.12   D.18

6.设 $\{a_n\}$ 是等差数列,且 $a_{11}-a_8=6$,则这个数列的公差为(   ).

A.2   B.−2   C.±2   D.3

7.在等差数列 $\{a_n\}$ 中,$a_3=8$,公差 $d=3$,2 021 是该数列的第几项?(   )

A.672   B.673   C.674   D.675

8.在等比数列 $\{a_n\}$ 中,若 $a_3 a_7=9$,则 $a_5=($).

A.9   B.3   C.3 或 −3   D.9 或 −9

9.在等比数列 $\{a_n\}$ 中,若 $a_3=27$,$a_4=-81$,则 $\log_3|a_2|=($).

A.−2   B.2   C.3   D.9

10.已知 $\{a_n\}$ 为等比数列,$a_1=27$,公比为 $-\dfrac{1}{3}$,则 $a_5=($).

A.$\dfrac{1}{3}$ B.$\dfrac{1}{9}$ C.$\dfrac{1}{81}$ D.$-\dfrac{1}{3}$

第七单元 平面解析几何

◆ 主要考点思维导图 ◆

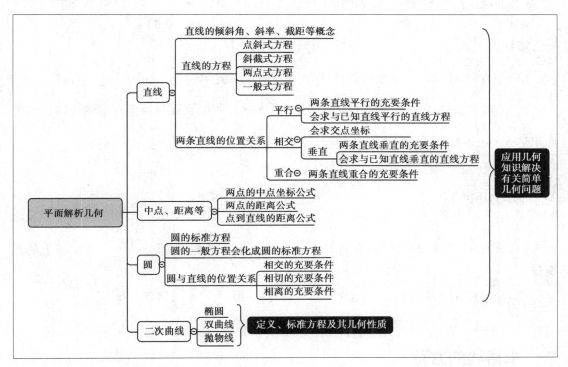

一、求直线的倾斜角、斜率、截距等

✈ **知识点或考点**

(1)直线的向上方向与 x 轴的正方向所形成的角称为直线的倾斜角,其范围是_____;

(2)若直线的倾斜角为 α,则直线的斜率 $k=$ _____ $(\alpha \neq 90°)$;

(3)若直线经过点 $A(x_1,y_1)$,$B(x_2,y_2)$,则直线的斜率 $k=$ _____ $(x_1 \neq x_2)$;

(4)当直线平行 x 轴时,斜率为_____,当直线垂直于 x 轴时,斜率为_____.

【例1】 （1）直线 $3x-2y-6=0$ 的斜率和 y 轴上的截距分别是（　　）.

A.斜率是 $\dfrac{3}{2}$，y 轴上的截距是 3　　　　　B.斜率是 $\dfrac{3}{2}$，y 轴上的截距是 -3

C.斜率是 $\dfrac{2}{3}$，y 轴上的截距是 3　　　　　D.斜率是 $\dfrac{2}{3}$，y 轴上的截距是 2

（2）直线 $y=2x-8$ 与两坐标轴围成的三角形的面积是（　　）.

A.4　　　　　　　　B.8　　　　　　　　C.16　　　　　　　　D.32

解析：

（1）把方程 $3x-2y-6=0$ 化成斜截式为 $y=\dfrac{3}{2}x-3$，故选 B.

（2）直线与 x 轴、y 轴分别交于 $M(4,0)$，$N(0,-8)$，所以直线与两坐标轴围成的三角形面积是 $S_{\triangle}=\dfrac{1}{2}\times4\times8=16$，故选 C.

【牛刀小试】

（1）直线 $4x+3y-12=0$ 的斜率是_____，在 y 轴上的截距是_____，在 x 轴上的截距是_____.

（2）经过点 $A(5,3\sqrt{3})$，$B(-1,\sqrt{3})$ 的直线的斜率是_____，倾斜角是_____.

二、求直线的方程

知识点或考点

（1）若直线经过点 $A(x_1,y_1)$，$B(x_2,y_2)$，则直线的方程是_____；

（2）若直线经过点 $P(x_0,y_0)$，且斜率为 k，则直线方程可表示为_____；

（3）若直线的斜率为 k，且在 y 轴上的截距为 b，则直线方程可表示为_____；

（4）若直线经过点 $P(m,n)$，且垂直于 x 轴，则直线的方程可表示为_____，若直线平行于 x 轴，则直线方程可表示为_____.

【例2】 过点 $A(4,1)$，$B(5,3)$ 的直线方程为（　　）.

A.$2x-y-7=0$　　　B.$2x+y-9=0$　　　C.$x+2y-2=0$　　　D.$x-2y+1=0$

解析： 因为直线的斜率 $k=\dfrac{1-3}{4-5}=2$，由点斜式方程 $y-1=2(x-4)$，化简得 $2x-y-7=0$，故选 A.

📝【牛刀小试】

（1）倾斜角为 $135°$ 且经过点 $A(3,-1)$ 的直线方程是＿＿＿＿＿＿＿＿.

（2）经过点 $A(-2,1)$，$B(2,3)$ 的直线方程是＿＿＿＿＿＿＿＿.

三、应用两条直线的位置关系解答相关问题

🔖 知识点或考点

两条直线平行、相交、重合的充要条件.

直线方程	平行	相交		重合
		相交且垂直	相交不垂直	
$l_1: y=k_1x+b_1$ $l_2: y=k_2x+b_2$				
$l_1: A_1x+B_1y+C_1=0$ $l_2: A_2x+B_2y+C_2=0$				

【例3】　（1）两条直线 $l_1:3x-4y+5=0$ 与 $l_2:3x-4y-5=0$ 的位置关系是（　　　）.

A.重合　　　　　　B.平行　　　　　　C.垂直　　　　　　D.相交但不垂直

（2）过点 $(1,3)$ 且与直线 $x-2y-2=0$ 平行的直线方程为（　　　）.

A.$2x-y+1=0$　　B.$x-2y+5=0$　　C.$x+2y-5=0$　　D.$2x+y-5=0$

（3）经过圆 $x^2+y^2+2x=0$ 的圆心且与直线 $x+y=0$ 垂直的直线方程为（　　　）.

A.$x+y-1=0$　　B.$x+y+1=0$　　C.$x-y-1=0$　　D.$x-y+1=0$

解析:

（1）因为 $\dfrac{3}{3}=\dfrac{-4}{-4}=1\neq\dfrac{5}{-5}$，所以两条直线平行，故选 B.

（2）因为所求直线与 $x-2y-2=0$ 平行，所以设所求直线方程为 $x-2y+C=0$，则 $1-2\times3+C=0$，解得 $C=5$，所以直线的方程为 $x-2y+5=0$，故选 B.

（3）圆的方程配方得 $(x+1)^2+y^2=1$，所以圆的圆心为 $(-1,0)$，设所求直线方程为 $x-y+C=0$，则 $-1-0+C=0$，解得 $C=1$，所以过圆心与已知直线垂直的直线方程是 $x-y+1=0$，故选 D.

【例4】　以 $A(-3,2)$，$B(3,4)$ 为端点的线段的垂直平分线方程为（　　　）.

A.$3x+y-3=0$　　B.$x-3y+9=0$　　C.$x+3y-9=0$　　D.$3x-y+3=0$

解析: 因 AB 的中点 C 的坐标是 $(0,3)$，$k_{AB}=\dfrac{2-4}{-3-3}=\dfrac{1}{3}$，所求直线与 AB 垂直，所以直线的

斜率为 -3,由点斜式方程可得 $y-3=-3(x-0)$,解得 $3x+y-3=0$,故选 A.

【牛刀小试】

（1）已知直线 $l_1:2x+my+1=0$,直线 $l_2:(m-1)x+y-5=0$,若两直线平行,则 $m=$ _____;若两直线垂直,则 $m=$ _____.

（2）经过椭圆 $\dfrac{x^2}{7}+\dfrac{y^2}{3}=1$ 的左焦点与 $y=-\dfrac{1}{2}x+1$ 垂直的直线方程是 _____.

（3）已知 $A(-2,3)$,$B(0,5)$,则 AB 的垂直平分线方程是 _____.

（4）过点 $(1,1)$ 且垂直于直线 $2x+3y+1=0$ 的直线方程为（ ）.

A.$2x+3y-5=0$　　　B.$3x-2y-5=0$　　　C.$2x-3y+1=0$　　　D.$3x-2y-1=0$

（5）若过点 $(0,a)$ 和 $(a,6)$ 的直线与直线 $2x-y+1=0$ 平行,则 a 的值为（ ）.

A.-6　　　　　B.2　　　　　C.4　　　　　D.12

四、中点坐标公式、两点间的距离公式以及点到直线的距离公式的应用

知识点或考点

（1）中点坐标公式:若有 $A(x_1,y_1)$,$B(x_2,y_2)$,则 AB 的中点 M 的坐标是 _____.

（2）AB 两点间的距离公式:$|AB|=$ _____.

（3）点到直线的距离公式:点 $P(x_0,y_0)$ 到直线 $Ax+By+C=0$ 的距离 $d=$ _____.

【例5】　已知线段 AB 的中点坐标 $(2,2)$,B 点坐标 $(4,-2)$,则 A 点坐标是（ ）.

A.$(2,-4)$　　　　　B.$(3,0)$　　　　　C.$(6,0)$　　　　　D.$(0,6)$

解析:设 $A(x,y)$,则 $\dfrac{x+4}{2}=2$,$\dfrac{y-2}{2}=2$,解得 $x=0$,$y=6$,所以 $A(0,6)$,故选 D.

【牛刀小试】

（1）坐标原点到直线 $3x-4y+8=0$ 的距离为（ ）.

A.$\dfrac{5}{8}$　　　　　B.$\dfrac{8}{5}$　　　　　C.5　　　　　D.8

（2）已知点 $P(-2,1)$,线段 PQ 的中点坐标为 $(2,-3)$,则 Q 的坐标为（ ）.

A.$(0,-1)$　　　　　B.$(-2,2)$　　　　　C.$(0,2)$　　　　　D.$(6,-7)$

（3）已知 $A(-2,3),B(0,5)$，则 $|AB|=($　　）.

A.$2\sqrt{2}$　　　　　　B.4　　　　　　C.$2\sqrt{17}$　　　　　　D.8

（4）点 $P(a,2)$ 到直线 $3x+y-7=0$ 的距离是 $\sqrt{10}$，则 $a=($　　）.

A.5　　　　　　B.$-\dfrac{5}{3}$　　　　　　C.5 或 $-\dfrac{5}{3}$　　　　　　D.10

（5）两条平行直线 $2x+3y-8=0$ 与 $2x+3y+18=0$ 之间的距离为（　　）.

A.26　　　　　　B.$\sqrt{13}$　　　　　　C.$2\sqrt{13}$　　　　　　D.10

五、两条直线的交点、点关于直线对称

知识点或考点

　　求两条直线的交点，则为解由两条直线方程组成的二元一次方程组.

【例6】　直线 $2x+y+5=0$ 与直线 $3x-y-15=0$ 的交点坐标是（　　）.

A.$(1,-3)$　　　　　B.$(2,-9)$　　　　　C.$(2,1)$　　　　　D.$(-2,-1)$

解析：由题意得 $\begin{cases}2x+y+5=0\\3x-y-15=0\end{cases}$，解之得 $\begin{cases}x=2\\y=-9\end{cases}$，所以交点坐标是 $(2,-9)$，故选 B.

【例7】　（1）点 $A(-2,3)$ 关于直线 $y=x$ 对称的点的坐标是（　　）.

A.$(3,-2)$　　　　　B.$(2,-3)$　　　　　C.$(-3,2)$　　　　　D.$(-2,-3)$

（2）点 $A(-2,3)$ 关于直线 $y=-x$ 对称的点的坐标是（　　）.

A.$(3,-2)$　　　　　B.$(2,-3)$　　　　　C.$(-3,2)$　　　　　D.$(-2,-3)$

解析：

（1）选 A.

（2）选 C.

【牛刀小试】

（1）直线 $x+2y+1=0$ 与直线 $2x+3y+1=0$ 的交点坐标是（　　）.

A.$(-1,1)$　　　　　B.$(1,-1)$　　　　　C.$(2,-3)$　　　　　D.$(-3,1)$

（2）点 $A(-1,3)$ 关于直线 $l:2x-y=0$ 对称的点的坐标为（　　）.

A.$(1,-3)$　　　　　B.$(-3,1)$　　　　　C.$(3,-1)$　　　　　D.$(3,1)$

🌐 【挑战过关】

1.已知点 $P(-2,1)$，$Q(2,-3)$，则线段 PQ 的中点坐标为(　　).

　　A.$(6,-7)$　　　　　　B.$(0,-1)$　　　　　　C.$(-6,7)$　　　　　　D.$(-1,0)$

2.过点 $A(2,-1)$ 且与直线 $3x-y+2=0$ 平行的直线方程是(　　).

　　A.$3x-y-7=0$　　　　B.$3x+y-5=0$　　　　C.$x+3y+1=0$　　　　D.$x-3y-5=0$

3.若直线 $x+3y+3=0$ 与直线 $2x-my-2=0$ 相互垂直,则 $m=$(　　).

　　A.-6　　　　　　　B.$-\dfrac{2}{3}$　　　　　　C.$\dfrac{2}{3}$　　　　　　D.6

4.点 $A(1,-2)$ 到直线 $3x+4y+m=0$ 的距离为 3,则 $m=$(　　).

　　A.20　　　　　　　B.-10　　　　　　　C.20 或 -10　　　　　　D.10

5.x 轴上有一点 P 与 $A(1,1)$ 的距离为 $\sqrt{5}$,则 P 的坐标是(　　).

　　A.$(3,0)$　　　　　　B.(-10)　　　　　　C.$(-1,3)$　　　　　　D.$(3,0)$ 或 $(-1,0)$

6.点 $(1,1)$ 到直线 $4x+3y+8=0$ 的距离为(　　).

　　A.1　　　　　　　　B.$\dfrac{8}{5}$　　　　　　C.3　　　　　　　　D.8

7.点 $A(-2,3)$ 关于点 $B(4,1)$ 的对称点 A' 的坐标为(　　).

　　A.$(1,2)$　　　　　　B.$(-3,1)$　　　　　　C.$(10,-1)$　　　　　　D.$(-10,1)$

8.过抛物线 $x^2=-8y$ 的焦点,且与直线 $3x+2y-5=0$ 平行的直线方程是(　　).

　　A.$3x+2y+4=0$　　　B.$3x-2y-4=0$　　　C.$2x+3y+6=0$　　　D.$2x-3y-6=0$

9.点 $P(a,2)$ 到直线 $3x+y-7=0$ 的距离不大于 $\sqrt{10}$,则 a 的取值范围是(　　).

　　A.$\left(-\dfrac{5}{3},5\right)$　　　　　　　　　　　B.$\left[-\dfrac{5}{3},5\right]$

　　C.$\left(-\infty,-\dfrac{5}{3}\right)\cup(5,+\infty)$　　　　　D.$\left(-\infty,-\dfrac{5}{3}\right]\cup[5,+\infty)$

10.点 $A(1,2)$ 关于直线 $2x+3y+5=0$ 对称的点的坐标是(　　).

　　A.$(-1,-2)$　　　　　B.$(-3,-4)$　　　　　C.$(2,-1)$　　　　　　D.$(3,4)$

六、解答与圆的标准方程有关的问题

> **➡ 知识点或考点**
>
> 　圆的标准方程是_____,其中圆心是_____,半径是_____;圆的一般方程是_____.

【例 8】　(1)方程 $x^2+y^2-6x+4y-3=0$ 是(　　).

　　A.以 $(3,-2)$ 为圆心,4 为半径的圆　　　B.以 $(3,2)$ 为圆心,4 为半径的圆

　　C.以 $(3,-2)$ 为圆心,16 为半径的圆　　　D.不表示任何图形

(2)已知 $A(4,-2),B(0,-4)$,则以 AB 为直径的圆的标准方程是(　　).

A.$(x-2)^2+(y+3)^2=20$　　　　　　B.$(x-2)^2+(y+3)^2=5$

C.$(x+2)^2+(y-3)^2=5$　　　　　　D.$(x-2)^2+(y-3)^2=5$

解析:

(1)$x^2+y^2-6x+4y-3=0$

　　$x^2-6x+9-9+y^2+4y+4-4-3=0$

　　$(x-3)^2+(y+2)^2=16$

所以它表示的是圆的标准方程,且圆心是 $(3,-2)$,半径为 4,故选 A.

(2)因为 AB 的中点 C 为圆的圆心,所以圆心的坐标是 $(2,-3)$,半径 $r=\dfrac{1}{2}|AB|$,$|AB|=$

$\sqrt{(4-0)^2+(-2+4)^2}=2\sqrt{5}$,则 $r=\sqrt{5}$,所以圆的标准方程是 $(x-2)^2+(y+3)^2=5$,故选 B.

【牛刀小试】

(1)若方程 $x^2+y^2-2x+4y+m^2=0$ 表示圆,则 m 的取值范围是(　　).

A.$(-5,5)$　　　　B.$(-\infty,\sqrt{5})$　　　　C.$(-\sqrt{5},\sqrt{5})$　　　　D.$[-\sqrt{5},\sqrt{5}]$

(2)以点 $C(-2,2)$ 为圆心的圆经过点 $A(1,1)$,则圆的标准方程是(　　).

A.$(x-2)^2+(y+2)^2=10$　　　　　　B.$(x+2)^2+(y+2)^2=10$

C.$(x+2)^2+(y-2)^2=10$　　　　　　D.$(x+2)^2+(y-2)^2=5$

七、运用圆与直线的位置关系解答有关问题

知识点或考点

(1)圆与直线＿＿＿＿＿$\Leftrightarrow d<r$(圆与直线有＿＿个交点$\Leftrightarrow\Delta$＿＿＿＿0);

(2)圆与直线＿＿＿＿＿$\Leftrightarrow d=r$(圆与直线有＿＿个交点$\Leftrightarrow\Delta$＿＿＿＿0);

(3)圆与直线＿＿＿＿＿$\Leftrightarrow d>r$(圆与直线有＿＿个交点$\Leftrightarrow\Delta$＿＿＿＿0).

d 表示圆的圆心到＿＿＿＿＿的距离.

【例9】　(1)直线 $x-y=0$ 与圆 $x^2+y^2=1$ 的位置关系是(　　).

A.相交　　　　　　B.相切　　　　　　C.相离　　　　　　D.相交且过圆心

(2)直线 $y=x+1$ 与圆 $(x-1)^2+y^2=2$ 的位置关系是(　　).

A.相交　　　　　　B.相切　　　　　　C.相离　　　　　　D.相交且过圆心

(3)直线 $y=-2x-5$ 与圆 $x^2+y^2-4x+3=0$ 的位置关系是(　　).

A.相交　　　　　　B.相切　　　　　　C.相离　　　　　　D.相交且过圆心

解析:

(1)圆的圆心是$(0,0)$,半径$r=1$,则$d=\dfrac{|0|}{\sqrt{1^2+(-1)^2}}=0<r$,所以圆与直线相交且直线经过圆的圆心,故选 D.

(2)圆的圆心是$(1,0)$,半径$r=\sqrt{2}$,直线方程为$x-y+1=0$,则$d=\dfrac{|2|}{\sqrt{1^2+(-1)^2}}=\sqrt{2}=r$,所以圆与直线相切,故选 B.

(3)圆的方程配方得$(x-2)^2+y^2=1$,则圆的圆心是$(2,0)$,半径$r=1$,直线方程为$2x+y+5=0$,则$d=\dfrac{|2\times2+0+5|}{\sqrt{2^2+1^2}}=\dfrac{9}{\sqrt{5}}>r$,所以圆与直线相离,故选 C.

【例 10】　以$(-2,0)$为圆心的圆与直线$x-2y+7=0$相切,则圆的方程是(　　).

A.$(x-2)^2+y^2=5$　　　　　　　　　　B.$(x+2)^2+y^2=5$

C.$(x+2)^2+y^2=\sqrt{5}$　　　　　　　　D.$(x-2)^2+y^2=\sqrt{5}$

解析:因为圆与直线相切,所以$r=d=\dfrac{|-2-0+7|}{\sqrt{1^2+(-2)^2}}=\dfrac{5}{\sqrt{5}}=\sqrt{5}$,则圆的方程为$(x+2)^2+y^2=5$,故选 B.

【牛刀小试】

(1)已知圆的圆心是$(0,2)$,且圆与直线$x-\sqrt{3}y=0$相交,弦长为$2\sqrt{6}$,则圆的方程是(　　).

A.$x^2+(y-2)^2=9$　　　　　　　　　　B.$x^2+(y-2)^2=3$

C.$x^2+(y+2)^2=9$　　　　　　　　　　D.$x^2+(y-2)^2=6$

(2)经过圆$(x+2)^2+(y-1)^2=13$上一点$A(1,3)$的切线方程是(　　).

A.$2x-3y+7=0$　　B.$3x+2y-9=0$　　C.$3x-2y+3=0$　　D.$3x-2y-8=0$

【挑战过关】

1.已知圆的方程为$(x+1)^2+(y-2)^2=9$,则它的圆心坐标和半径分别为(　　).

　A.$(1,-2)$,3　　　　B.$(-1,2)$,3　　　　C.$(1,-2)$,9　　　　D.$(-1,2)$,9

2.若方程$x^2+y^2-2mx+4=0$表示圆,则m的取值范围是(　　).

　A.$(2,+\infty)$　　　　　　　　　　　　B.$(-\infty,-2)\cup(2,+\infty)$

　C.$(-2,2)$　　　　　　　　　　　　　　D.$(-\infty,-2]\cup[2,+\infty)$

3.直线$x+2y+8=0$与圆$(x-1)^2+(y+2)^2=5$的位置关系是(　　).

　A.相切　　　　　　　B.相交　　　　　　　C.相离　　　　　　　D.相交且过圆心

4.以$(0,2)$为圆心的圆 C 与直线 $3x-y+12=0$ 相切,则圆 C 的方程是(　　).

A.$x^2+(y-2)^2=10$　　B.$x^2+(y+2)^2=10$　　C.$x^2+(y-2)^2=100$　　D.$x^2+y^2=5$

5.直线 $x+y+m=0$ 与圆$(x-1)^2+(y+3)^2=2$ 没有交点,则 m 的取值范围是(　　).

A.$[4,+\infty)$ 　　　　　　　　　　B.$(0,4)$

C.$(4,+\infty)$ 　　　　　　　　　　D.$(-\infty,0)\cup(4,+\infty)$

6.直线 $3x+2y+1=0$ 与圆$(x+1)^2+(y-2)^2=4$ 的位置关系是(　　).

A.相离　　　　　　B.相切　　　　　　C.相交且过圆心　　　D.相交但不过圆心

7.若直线 $y=x+m(m\in\mathbf{R})$ 与圆$(x-1)^2+y^2=2$ 有交点,则 m 的取值范围是(　　).

A.$[-1,3]$ 　　　　B.$[-3,1]$ 　　　　C.$[-3,-1]$ 　　　　D.$[1,3]$

8.已知直线 $l:x-y-9=0$,设 M 为圆$(x-2)^2+(y+1)^2=8$ 上一动点,则点 M 到直线 l 的最短距离为(　　).

A.$\sqrt{2}$ 　　　　　　B.$2\sqrt{2}$ 　　　　　　C.$3\sqrt{2}$ 　　　　　　D.$4\sqrt{2}$

9.直线 $x+y+m=0$ 与圆$(x+1)^2+y^2=2$ 有两个不同的交点,则 m 的取值范围是(　　).

A.$(-1,3)$ 　　　　B.$[-1,3]$ 　　　　C.$(-\infty,3)$ 　　　　D.$(-\infty,-1)$

10.经过圆 $x^2+y^2+4x-6y+4=0$ 的圆心且与直线 $2x+y-5=0$ 平行的直线方程为(　　).

A.$x-2y+8=0$ 　　　B.$2x+y-1=0$ 　　　C.$2x+y+1=0$ 　　　D.$2x-y+7=0$

八、椭圆的标准方程及性质

🔖 知识点或考点

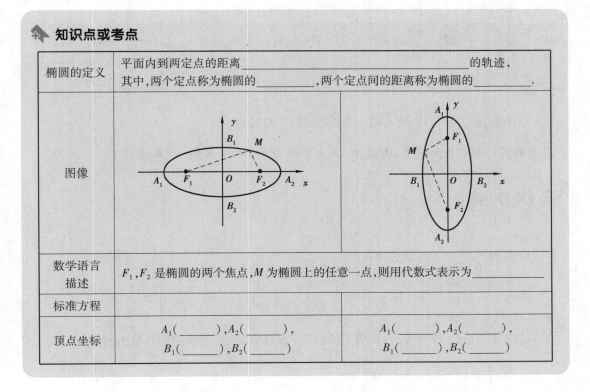

椭圆的定义	平面内到两定点的距离＿＿＿＿＿＿＿＿＿＿＿＿＿＿＿＿＿＿＿＿＿＿＿＿的轨迹,其中,两个定点称为椭圆的＿＿＿＿＿,两个定点间的距离称为椭圆的＿＿＿＿＿.
图像	
数学语言描述	F_1,F_2 是椭圆的两个焦点,M 为椭圆上的任意一点,则用代数式表示为＿＿＿＿＿＿＿＿
标准方程	
顶点坐标	$A_1(\underline{\quad}),A_2(\underline{\quad}),$ $B_1(\underline{\quad}),B_2(\underline{\quad})$ ⟨⟩ $A_1(\underline{\quad}),A_2(\underline{\quad}),$ $B_1(\underline{\quad}),B_2(\underline{\quad})$

续表

有关概念	$|A_1A_2|$ 称为椭圆的_____,记作_____;$|OA_1|$ 称为_____,记作_____; $|B_1B_2|$ 称为椭圆的_____,记作_____;$|OB_1|$ 称为_____,记作_____;	
焦点的坐标	$F_1(\underline{\quad}),F_2(\underline{\quad})$	$F_1(\underline{\quad}),F_2(\underline{\quad})$
a,b,c 关系式		
离心率及范围		

【例11】 （1）已知椭圆的离心率为 $\dfrac{\sqrt{3}}{2}$,短半轴长为1,$\triangle ABC$ 中,点 A 是椭圆的一个焦点,点 B,C 在椭圆上,且边 BC 经过椭圆的另一个焦点,则 $\triangle ABC$ 的周长为（ ）.

　　A.4　　　　　　　　B.$4\sqrt{3}$　　　　　　　C.8　　　　　　　　D.$8\sqrt{3}$

（2）若椭圆 $\dfrac{x^2}{8}+\dfrac{y^2}{m}=1$ 的一个焦点坐标为 $(2,0)$,则实数 $m=$（ ）.

　　A.1　　　　　　　　B.2　　　　　　　　C.4　　　　　　　　D.6

解析：

（1）如图所示,由题意得 $\triangle ABC$ 的周长等于 $4a$,由题知 $b=1$,且 $\dfrac{c}{a}=\dfrac{\sqrt{3}}{2}$,则 $c=\dfrac{\sqrt{3}}{2}a$,又因为 $b^2=a^2-c^2$,所以 $a^2-\left(\dfrac{\sqrt{3}}{2}a\right)^2=1$,解得 $a=2$,故选 C.

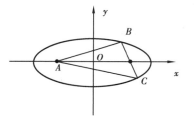

（2）由椭圆方程 $\dfrac{x^2}{8}+\dfrac{y^2}{m}=1$ 的一个焦点是 $(2,0)$,则 $c=2$ 且椭圆的焦点在 x 轴上,所以 $a^2=8,b^2=m$,则 $8-m=4$,解得 $m=4$,故选 C.

【牛刀小试】

（1）椭圆 $\dfrac{x^2}{16}+\dfrac{y^2}{25}=1$ 的离心率是（ ）.

　　A.$\dfrac{3}{5}$　　　　　　　B.$\dfrac{4}{5}$　　　　　　　C.$\dfrac{5}{4}$　　　　　　　D.$\dfrac{5}{3}$

（2）以 $A(0,-1)$ 和 $B(0,1)$ 为焦点的椭圆,离心率是 $\dfrac{\sqrt{2}}{2}$,则椭圆的标准方程是（ ）.

　　A.$\dfrac{x^2}{2}+y^2=1$　　　　B.$x^2+\dfrac{y^2}{\sqrt{2}}=1$　　　　C.$x^2+\dfrac{y^2}{2}=1$　　　　D.$x^2+2y^2=1$

（3）方程 $\dfrac{x^2}{m^2-4}+\dfrac{y^2}{5}=1$ 表示焦点在 x 轴上的椭圆，则 m 的取值范围是（　　）.

  A. $\{m\,|\,m<-1\ \text{或}\ m>1\}$ B. $\{m\,|\,m>3\}$

  C. $\{m\,|\,-3<m<3\}$ D. $\{m\,|\,m<-3\ \text{或}\ m>3\}$

（4）长轴长为 6，短轴长为 4 且焦点在 x 轴上的椭圆标准方程是（　　）.

 A. $\dfrac{x^2}{3}+\dfrac{y^2}{2}=1$ B. $\dfrac{x^2}{6}+\dfrac{y^2}{4}=1$ C. $\dfrac{x^2}{4}+\dfrac{y^2}{9}=1$ D. $\dfrac{x^2}{9}+\dfrac{y^2}{4}=1$

（5）F_1,F_2 分别是椭圆 $\dfrac{x^2}{25}+\dfrac{y^2}{9}=1$ 的两个焦点，椭圆上有一点 P，则 $\triangle PF_1F_2$ 的周长是（　　）.

  A.16   B.18   C.20   D.41

九、双曲线的标准方程及性质

🔖 知识点或考点

双曲线的定义	平面内到两定点的距离＿＿＿＿＿＿＿＿＿＿＿＿＿＿＿＿＿＿＿＿＿的轨迹，其中，两个定点称为双曲线的＿＿＿＿＿＿，两个定点间的距离称为双曲线的＿＿＿＿＿．	
图像		
数学语言描述	F_1,F_2 是双曲线的两个焦点，M 为双曲线上的任意一点，则用代数式表示为＿＿＿＿＿＿＿＿＿＿＿	
标准方程		
顶点坐标	$A_1(\underline{\quad}),A_2(\underline{\quad})$	$A_1(\underline{\quad}),A_2(\underline{\quad})$
有关概念	$\|A_1A_2\|$ 称为双曲线的＿＿＿＿＿＿，记作＿＿＿＿＿＿；$\|OA_1\|$ 称为双曲线的＿＿＿＿＿＿，记作＿＿＿＿＿＿；虚轴长是＿＿＿＿＿＿，虚半轴长是＿＿＿＿＿＿	
焦点的坐标	$F_1(\underline{\quad}),F_2(\underline{\quad})$	$F_1(\underline{\quad}),F_2(\underline{\quad})$
a,b,c 关系式		
离心率及范围		

【例 12】 （1）设双曲线的两个顶点坐标分别为$(0,-4),(0,4)$，离心率为$\frac{5}{4}$，则该双曲线的标准方程是（　　）.

A.$\frac{x^2}{16}-\frac{y^2}{7}=1$　　　　B.$\frac{x^2}{9}-\frac{y^2}{16}=1$　　　　C.$\frac{y^2}{16}-\frac{x^2}{9}=1$　　　　D.$\frac{y^2}{25}-\frac{x^2}{16}=1$

（2）已知双曲线$\frac{x^2}{16}-\frac{y^2}{9}=1$的两个焦点为$F_1,F_2$，设点$M$是双曲线上一点，当$MF_1\perp MF_2$时，$\triangle MF_1F_2$的面积为（　　）.

A.8　　　　　　　　B.9　　　　　　　　C.16　　　　　　　　D.18

解析：

（1）由题意得$a=4$，且双曲线的焦点在y轴上，因为$e=\frac{5}{4}$，所以$\frac{c}{4}=\frac{5}{4}$，解得$c=5$. 又因为$b^2=c^2-a^2=25-16=9$，所以双曲线的标准方程是$\frac{y^2}{16}-\frac{x^2}{9}=1$，故选 C.

（2）如右图所示，由题知$a=4,b=3$，由$c^2=a^2+b^2$得$c=5$，$|F_1F_2|=2c=10$，

设$|F_1M|=m,|MF_2|=n$，由题意得$\begin{cases} m^2+n^2=100 & (1) \\ |m-n|=8 & (2) \end{cases}$

由（2）得$m^2+n^2-2mn=64$，

代入（1）得$mn=18$.

所以$S_{\triangle MF_1F_2}=\frac{1}{2}mn=9$，故选 B.

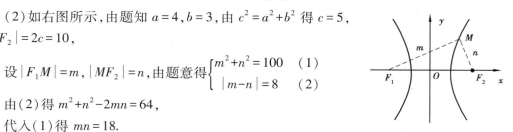

【牛刀小试】

（1）双曲线$\frac{x^2}{9}-\frac{y^2}{16}=1$的离心率是（　　）.

A.$\frac{3}{5}$　　　　　　B.$\frac{\sqrt{7}}{3}$　　　　　　C.$\frac{5}{4}$　　　　　　D.$\frac{5}{3}$

（2）以$A(-2,0)$和$B(2,0)$为焦点的双曲线，离心率是$\frac{2\sqrt{3}}{3}$，则双曲线的标准方程是（　　）.

A.$\frac{x^2}{3}-y^2=1$　　　　B.$\frac{x^2}{3}-\frac{y^2}{2}=1$　　　　C.$x^2-\frac{y^2}{3}=1$　　　　D.$\frac{y^2}{3}-x^2=1$

（3）双曲线$\frac{y^2}{4}-\frac{x^2}{5}=1$的焦点坐标是（　　）.

A.$(-3,0),(3,0)$　　B.$(0,-3),(0,3)$　　C.$(-1,0),(1,0)$　　D.$(0,-1),(0,1)$

（4）若方程 $\dfrac{x^2}{\sin \alpha}+\dfrac{y^2}{\cos \alpha}=1$ 表示焦点在 y 轴上的双曲线,则 α 是（　　）.

  A.第一象限角   B.第二象限角   C.第三象限角   D.第四象限角

（5）F_1,F_2 分别是双曲线 $\dfrac{x^2}{16}-\dfrac{y^2}{9}=1$ 的两个焦点,双曲线上有一点 P,$|PF_1|=11$,则 $|PF_2|=$（　　）.

  A.3   B.19   C.3 或 19   D.27

十、抛物线的标准方程及性质

知识点或考点

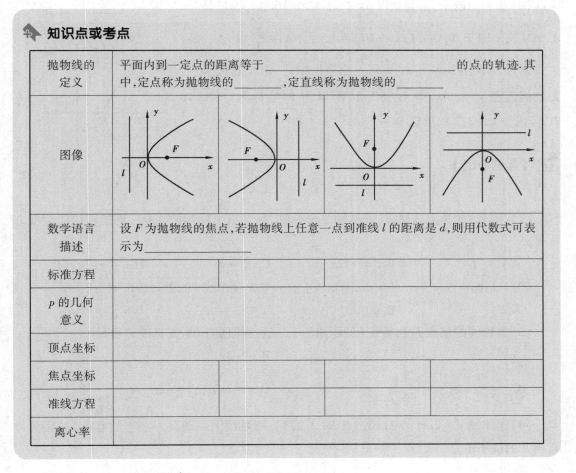

抛物线的定义	平面内到一定点的距离等于＿＿＿＿＿＿＿＿＿＿＿＿＿＿＿＿的点的轨迹.其中,定点称为抛物线的＿＿＿＿＿＿,定直线称为抛物线的＿＿＿＿＿			
图像				
数学语言描述	设 F 为抛物线的焦点,若抛物线上任意一点到准线 l 的距离是 d,则用代数式可表示为＿＿＿＿＿＿＿＿＿＿			
标准方程				
p 的几何意义				
顶点坐标				
焦点坐标				
准线方程				
离心率				

【例 13】 （1）抛物线 $x^2=-8y$ 的焦点坐标为（　　）.

  A.$(0,-4)$ B.$(0,2)$ C.$(-2,0)$ D.$(0,-2)$

（2）若抛物线 $x^2=2py(p>0)$ 上一动点到其准线的最短距离为3,则 $p=$（　　）.

  A.$\dfrac{3}{2}$ B.3   C.6   D.12

（3）抛物线 $y^2=-4x$ 上有一点 M，它到焦点的距离为3，则点 M 的坐标是（　　）.

A.$(-2,-2\sqrt{2})$　　　　　　　　　　B.$(-2,2\sqrt{2})$

C.$(-2,4)$　　　　　　　　　　　　D.$(-2,2\sqrt{2})$ 或 $(-2,-2\sqrt{2})$

解析：

（1）由题得 $-2p=-8$，且抛物线的焦点在 y 轴负半轴上，则 $p=4$，所以抛物线的焦点坐标为 $(0,-2)$，故选 D.

（2）如右图所示，抛物线上一动点到其准线的最短距离为 $|AO|$，所以 $\dfrac{p}{2}=3$，解得 $p=6$，故选 C.

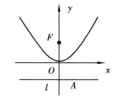

（3）如右图所示，由题意得 $p=2$，过 M 作 $MA\perp l$，垂足是 A，AM 交 y 轴于 N，则 $|MA|=|MF|=3$，而 $|NA|=\dfrac{p}{2}=1$，

所以 $|MN|=2$，从而得知 M 点的横坐标是 -2，把它代入抛物线方程 $y^2=-4x$，得 $y=\pm2\sqrt{2}$，所以 M 的坐标为 $(-2,2\sqrt{2})$ 或 $(-2,-2\sqrt{2})$，故选 D.

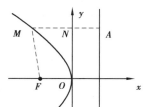

【牛刀小试】

（1）抛物线的顶点在原点，对称轴是坐标轴，且焦点坐标为 $(-3,0)$，则抛物线的标准方程是（　　）.

A.$y^2=-6x$　　　　B.$y^2=-12x$　　　　C.$x^2=-6y$　　　　D.$x^2=-12y$

（2）F 是抛物线 $y^2=8x$ 的焦点，抛物线上有一点 P 到准线 l 的距离是6，则 $|PF|=$（　　）.

A.2　　　　　　B.3　　　　　　C.4　　　　　　D.6

（3）抛物线的焦点 F 到准线 l 的距离为1，且对称轴是 x 轴，其标准方程是（　　）.

A.$y^2=2x$　　　　　　　　　　B.$x^2=2y$

C.$y^2=\dfrac{1}{2}x$ 或 $y^2=-\dfrac{1}{2}x$　　　　　D.$y^2=2x$ 或 $y^2=-2x$

（4）抛物线 $y^2=2px(p>0)$ 经过点 $M(2,2\sqrt{3})$，抛物线上一动点 N 到它的准线 l 的距离为 d，则 d 的最小值是（　　）.

A.$\dfrac{3}{2}$　　　　　　B.3　　　　　　C.6　　　　　　D.12

（5）直线 $x-y+m=0$ 与抛物线 $y^2=4x$ 有两个不同的交点，则 m 的取值范围是（　　）.

A.$(1,+\infty)$　　　　B.$(-\infty,1)$　　　　C.$(-1,+\infty)$　　　　D.$(-1,1)$

🌐 【挑战过关】

1.椭圆 $\dfrac{x^2}{7}+\dfrac{y^2}{16}=1$ 的焦点坐标是(　　).

　　A.$(-3,0),(3,0)$　　　B.$(-4,0),(4,0)$　　　C.$(0,-3),(0,3)$　　　D.$(0,-4),(0,4)$

2.椭圆的焦点是 $(-4,0),(4,0)$,离心率是 $\dfrac{2}{3}$,则椭圆的标准方程是(　　).

　　A.$\dfrac{x^2}{20}+\dfrac{y^2}{36}=1$　　　　B.$\dfrac{x^2}{36}+\dfrac{y^2}{20}=1$　　　　C.$\dfrac{x^2}{6}+\dfrac{y^2}{4}=1$　　　　D.$\dfrac{x^2}{9}+\dfrac{y^2}{5}=1$

3.双曲线 $\dfrac{y^2}{16}-\dfrac{x^2}{9}=1$ 的离心率是(　　).

　　A.$\dfrac{4}{3}$　　　　　　B.$\dfrac{5}{4}$　　　　　　C.$\dfrac{5}{3}$　　　　　　D.$\dfrac{\sqrt{7}}{3}$

4.顶点在原点,对称轴是坐标轴,且焦点坐标为 $(0,-3)$ 的抛物线方程是(　　).

　　A.$x^2=-6y$　　　B.$y^2=-6x$　　　C.$y^2=-12x$　　　D.$x^2=-12y$

5.F_1,F_2 是椭圆 $\dfrac{x^2}{25}+\dfrac{y^2}{16}=1$ 的两个焦点,且点 P 是椭圆上任意一点,则 $\triangle PF_1F_2$ 的周长是(　　).

　　A.8　　　　　　　B.13　　　　　　　C.16　　　　　　　D.20

6.已知双曲线 $\dfrac{x^2}{m^2}-\dfrac{y^2}{5}=1$($m>0$)的右焦点为 $(\sqrt{7},0)$,则 $m=$(　　).

　　A.$\sqrt{2}$　　　　　　B.2　　　　　　　C.$2\sqrt{2}$　　　　　　D.8

7.已知双曲线中心在原点,且一个焦点坐标为 $(3,0)$,离心率为 $\dfrac{3}{2}$,则该双曲线的方程为(　　).

　　A.$\dfrac{x^2}{5}-\dfrac{y^2}{4}=1$　　　　B.$\dfrac{x^2}{4}-\dfrac{y^2}{5}=1$　　　　C.$\dfrac{y^2}{4}-\dfrac{x^2}{5}=1$　　　　D.$\dfrac{y^2}{5}-\dfrac{x^2}{4}=1$

8.已知抛物线 $y^2=2px$ 的焦点与椭圆 $\dfrac{x^2}{9}+\dfrac{y^2}{5}=1$ 的右焦点重合,则 $p=$(　　).

　　A.2　　　　　　　B.$2\sqrt{2}$　　　　　　C.4　　　　　　　D.$4\sqrt{2}$

9.若以原点为顶点的抛物线的焦点坐标为 $(0,1)$,则其准线方程为(　　).

　　A.$x=1$　　　　　　B.$y=1$　　　　　　C.$x=-1$　　　　　　D.$y=-1$

10.椭圆 C 的一个焦点与圆 $x^2+y^2-6y-16=0$ 的圆心重合,长轴长等于圆的直径,则该椭圆 C 的标准方程是(　　).

　　A.$\dfrac{x^2}{16}+\dfrac{y^2}{25}=1$　　　　B.$\dfrac{x^2}{25}+\dfrac{y^2}{16}=1$　　　　C.$\dfrac{x^2}{9}+\dfrac{y^2}{16}=1$　　　　D.$\dfrac{x^2}{9}+\dfrac{y^2}{25}=1$

第八单元　排列组合

◆ 主要考点思维导图 ◆

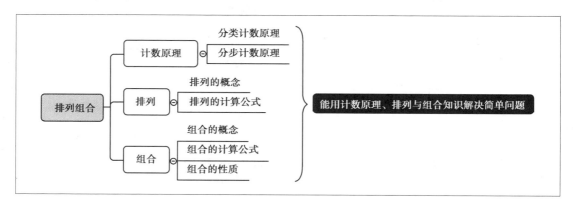

一、排列问题

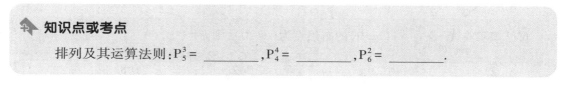

知识点或考点

排列及其运算法则：$P_5^3 =$ _____，$P_4^4 =$ _____，$P_6^2 =$ _____．

【例1】　3名同学到4个工厂去实习，每人去一个工厂，不同的安排方案共有(　　)．

A.6种　　　　　　　B.12种　　　　　　　C.24种　　　　　　　D.48种

解析：$P_4^3 = 4 \times 3 \times 2 = 24$，故选 C.

【牛刀小试】

(1)由数字1，2，3，4可以组成各位数字不重复的三位数，在这些三位数中共有偶数(　　)．

A.12个　　　　　　　B.24个　　　　　　　C.36个　　　　　　　D.48个

(2)有4名男同学和3名女同学一起照相，3名女同学站第一排，4名男同学站第二排，不同站法共有(　　)．

A.42种　　　　　　　B.144种　　　　　　　C.240种　　　　　　　D.5 040种

(3)从7名学生会干部成员中选出2名同学带领学生会团队参加某志愿者活动，一人负责组织带队，另一人负责安全，则不同的分配方案有(　　)．

A.13 种   B.14 种   C.21 种   D.42 种

二、组合问题

> **知识点或考点**
>
> 组合及其运算法则：$C_5^3 =$ _____，$C_4^4 =$ _____，$C_6^2 =$ _____．

【例2】 有 7 个不同的球和 3 个不同的盒子，第一个盒子装 4 个球，第二个盒子装 2 个球，第三个盒子只装 1 个球，则不同的放法共有(   )．

A.75 种   B.105 种   C.168 种   D.5 040 种

解析：第一步从 7 个球中任取 4 个球放入第一个盒子，共有 C_7^4 种不同放法；第二步从剩下的 3 个球中任取 2 个球放入第二个盒子，共有 C_3^2 种不同放法；最后剩下 1 个球放入第三个盒子只有 1 种放法．所以不同的放法共有 $C_7^4 \cdot C_3^2 = 105$ 种，故选 B．

【牛刀小试】

(1)某班有 5 名男生和 4 名女生报名参加学校组织的植树活动，如果只能从中选 2 名同学参加，则不同的选法共有(   )．

A.18 种   B.36 种   C.48 种   D.72 种

(2)从 1,2,3,4,5,6,7,8,9 这 9 个数字中，任意取出 3 个不同的数，其和为奇数的取法总数为(   )．

A.40   B.90   C.120   D.300

(3)现需安排 6 名学生和 3 名教师分别去 3 所学校参观交流学习，每个学校安排 1 名教师和 2 名学生，则不同的安排方法共有(   )．

A.120 种   B.240 种   C.540 种   D.720 种

(4)袋中有 8 个大小相同的球，其中白球 6 个，红球 2 个，从中任取 3 个球，则至少有 1 个红球的取法有(   )．

A.30 种   B.36 种   C.42 种   D.60 种

(5)从由 4 名男生和 3 名女生组成的班委中，选 3 名班长候选人，要求 3 名班长候选人中男生和女生均至少有 1 名，则不同的选法有(   )．

A.12 种   B.18 种   C.30 种   D.35 种

三、典型问题

> **知识点或考点**
>
> 分类计数原理和分步计数原理;排列或组合的简单综合应用.
>
> (1)与数字有关的问题
>
> 遇数字题,可采用画图框直观表示,再用分步计数的方法或排列的方法进行统计,特殊数字或特殊位置的元素要优先考虑,为了不易出错最好进行分类.
>
> (2)相邻与不相邻的问题
>
> 相邻排列常采用"捆绑法":把相邻的元素捆绑起来看成一个元素与其他元素进行排列,然后再对捆绑的元素内部进行排列.
>
> 互不相邻排列常采用"插空法":先把没有位置要求的元素进行全排列,然后把不相邻的元素插入上述几个元素的空位.
>
> (3)分配的问题
>
> 当把不同的元素分配给几个不同对象时, 如果每个对象接受元素不受限制,则一般采用由元素逐一选择对象的方法;如果对象接受元素受限制,则一般采用先对元素按条件进行分组后再进行排列的方法.
>
> (4)产品抽样的问题
>
> 首先需要明确几个数量:被抽样本的总数量、合格品的数量、次品的数量、抽取样本的数量.

【例3】 从数字 1,2,3,4,5 这 5 个数字中随机地有放回地依次抽取 3 个数字,则数字 3 只出现一次的取法总数为(　　).

A.16　　　　　　　B.48　　　　　　　C.75　　　　　　　D.96

解析:第一类:③□□共有 4×4=16 种取法;第二类:□③□共有 4×4=16 种取法;第三类:□□③ 共有 4×4=16 种取法.所以数字 3 只出现一次的取法总数为 3×4×4=48,故选 B.

【牛刀小试】

(1)由 0,1,2,3,4,5 可以组成各位数字不重复的三位数,其中是 5 的倍数的数共有(　　).

A.12 个　　　　　B.24 个　　　　　C.36 个　　　　　D.72 个

(2)从 1,2,3,4,5,6,7,8,9 这 9 个数字中,任意取出 3 个不同的数组成一个三位数,且百位和个位均为奇数,十位为偶数,则这种三位数共有(　　).

A.40 个　　　　　B.80 个　　　　　C.120 个　　　　　D.240 个

（3）从0,1,2,3,4,5这6个数字中取0和另一个偶数以及两个奇数,由4个数字组成没有重复数字的四位数,则四位数的个数为(　　).

A.48　　　　　　B.96　　　　　　C.108　　　　　　D.192

【例4】 （1）李刚和王勇两位同学邀约另外4位好朋友一起做游戏,6人排成一排,其中李刚和王勇必须相邻,则不同的排法总数为(　　).

A.120　　　　　　B.160　　　　　　C.240　　　　　　D.320

（2）2名教师和4名同学站一排照相,姿势不计,2名教师互不相邻,则不同的站法共有(　　).

A.120 种　　　　B.240 种　　　　C.480 种　　　　D.720 种

解析:

（1）把李刚、王勇两名学生捆绑在一起看作一个元素,其他学生为4个元素,共5个元素排成一列共有 P_5^5 种不同排法,而李刚、王勇两人内部排列又有 P_2^2 种排法,如图所示,所以不同的排法总数为 $P_5^5 \cdot P_2^2 = 240$ 种,故选C.

| 学生 | 李刚 | 王勇 | 学生 | 学生 | 学生 | 　 | 学生 | 王勇 | 李刚 | 学生 | 学生 | 学生 |

（2）第一步:4名同学先站一排有 P_4^4 种不同的站法,如图所示;第二步:把2名教师从5个空位(灰色框)中任选2个空位给老师,灰色方框代表2名教师可以选的空位,所以2名教师有 P_5^2 种不同的站法.所以满足条件的站法总数为 $P_4^4 \cdot P_5^2 = 480$ 种,故选C.

| ▨ | 学生 | ▨ | 学生 | ▨ | 学生 | ▨ | 学生 | ▨ |

✐【牛刀小试】

（1）A,B,C,D,E 5位同学站一排,其中B,C必须相邻,且C在B的左边,则不同的站法共有(　　).

A.24 种　　　　B.36 种　　　　C.48 种　　　　D.60 种

（2）从1,2,3,4,5中选出含2和3的3个数字组成没有重复数字的三位数,其中3和2是相邻位的数共有(　　).

A.6 个　　　　　B.12 个　　　　C.24 个　　　　D.36 个

（3）某班将举行元旦晚会,共有3个舞蹈节目和4个唱歌节目,如果舞蹈节目不相邻出场,则不同的节目安排方案共有(　　).

A.120 种　　　　B.360 种　　　　C.720 种　　　　D.1 440 种

【例5】 现将3名学生安排到4个实习基地实习,要求每个实习基地安排的学生不超

过 2 名,则不同的安排方案有(　　).

A.24 种　　　　　　　B.48 种　　　　　　　C.60 种　　　　　　　D.81 种

解析:如图所示,如果由学生选择实习基地,则共有 $4×4×4=64$ 种不同的安排方案,这些方案里包含以下 3 种情况:(1)3 名学生都在同一个实习基地,有 C_4^1 种方法;(2)2 名学生到同一个实习基地,而另一名学生到其他基地,先把 3 名学生分成两组,有 C_3^2 种方法,再从 4 个实习基地任选两个基地给两组学生,有 P_4^2 种方法,因此这类情况共有 $C_3^2 \cdot P_4^2$ 种方法;(3)每名学生到不同的实习基地,有 P_4^3 种方法.

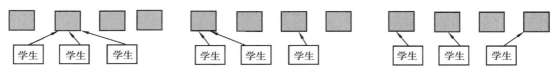

因此,此题用直接法统计只有(2)和(3)符合题意:不同的安排方案有 $C_3^2 \cdot P_4^2 + P_4^3 = 60$ 种;用间接法统计:不同的安排方案有 $4^3 - C_4^1 = 60$ 种,故选 C.

【牛刀小试】

(1)4 名优秀学生推荐到 3 所学校上大学,每所学校至少去一名学生,则不同的推荐方法共有(　　).

A.24 种　　　　　　　B.36 种　　　　　　　C.48 种　　　　　　　D.60 种

(2)将标示为 1,2,3,4,5 的 5 个球放入标示为 1,2,3,4,5 的 5 个盒子里,每个盒子只能放一个球,恰好有 2 个球的标号与盒子的标号相同,则不同放法共有(　　).

A.6 种　　　　　　　B.12 种　　　　　　　C.18 种　　　　　　　D.20 种

(3)现在有 4 个单位面向在校中职生招聘兼职,有 3 位同学各准备了一份简历进行投递,则不同的投递方法共有(　　).

A.12 种　　　　　　　B.24 种　　　　　　　C.64 种　　　　　　　D.81 种

【例 6】　100 件产品中有 5 件次品,从中任取 4 件产品,恰好有 1 件次品的抽法有(　　)种.至少有 1 件合格品的抽法有(　　)种.

A.C_{100}^4

B.$C_{95}^3 C_5^1$

C.$C_{100}^4 - C_5^4$

D.$C_{95}^3 + C_5^1$

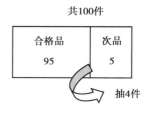

解析:如图所示,被抽样本的总数量是 100 件,其中合格品 95 件,次品 5 件,抽取的样本是 4 件,则:

①第一步从 95 件合格品中抽 3 件的方法有 C_{95}^3 种,第二步从 5 件次品中抽 1 件的方法有 C_5^1 种,所以恰好有 1 件次品的抽法共有 $C_{95}^3 C_5^1$ 种,故选 B.

②间接法:从100件中任抽4件产品的方法有 C_{100}^4 种,没有合格品的抽取方法有 C_5^4 种,所以至少有1件合格品的抽法有 $C_{100}^4-C_5^4$ 种,故选 C.

直接法:至少有1件合格品的抽法有 $C_{95}^1 C_5^3+C_{95}^2 C_5^2+C_{95}^3 C_5^1+C_{95}^4$ 种.

✎【牛刀小试】

(1)有9名队员进行乒乓球训练,其中男队员5名,女队员4名,如果分组进行混合双打训练,不同的分组方法共有( ).

A.60 种　　　　　B.90 种　　　　　C.120 种　　　　　D.240 种

(2)某校举行电子竞技比赛,要求每班派4人参加,其中校队成员最多1人,高二年级会计班有2名校队成员和5名非校队成员都报名参加,则不同的选法共有( ).

A.20 种　　　　　B.25 种　　　　　C.30 种　　　　　D.40 种

(3)高一年级有5人、高二年级有4人报名参加社会实践活动,现从中抽3人组队,高一年级学生不超过2人参加,则不同的组队方法有( ).

A.36 种　　　　　B.74 种　　　　　C.96 种　　　　　D.124 种

四、其他问题

【例7】 李玉、张宁、王玲、陈芳4人参加学校 4×100 接力比赛,李玉不在第一棒,陈芳也不在最后一棒,则不同的安排方法有( ).

A.6 种　　　　　B.14 种　　　　　C.24 种　　　　　D.32 种

解析:先分为两类,第一类:陈芳在第一棒,则有 $P_3^3=6$ 种不同的安排方法;第二类陈芳不在第一棒,则有 $C_2^1 P_2^2 C_2^1=8$ 种不同的安排方法.所以不同的安排方法共有14种,故选 B.

✎【牛刀小试】

(1)小李、小张两人从4门课程中各选2门选修课学习,那么小李、小张所选的课程中至少有一门不相同的选法有( ).

A.6 种　　　　　B.12 种　　　　　C.30 种　　　　　D.36 种

(2)将甲、乙、丙、丁4名学生分到3个实习单位,每个单位至少一名学生,且甲、乙两名学生不能分到同一个单位,则不同的分法总数为( ).

A.18　　　　　B.24　　　　　C.30　　　　　D.36

(3)4个不同颜色的球放入甲、乙、丙、丁4个盒子中,则恰好有一个空盒的放法共有( ).

A.36 种　　　　　B.40 种　　　　　C.72 种　　　　　D.144 种

五、组合的性质应用

> **知识点或考点**
>
> 组合的性质：C_n^m _____ C_n^{n-m}，$C_n^m + C_n^{m+1}$ = _____.

【牛刀小试】

(1) 已知 $C_x^7 = C_{10}^7 + C_{10}^y$，则 x,y 的值分别是（　　）.

A.11,6　　　　　　B.11,8　　　　　　C.10,6　　　　　　D.10,8

(2) 若 $C_{12}^{2x-1} = C_{12}^{x+1}$，则 $x =$（　　）.

A.2　　　　　　B.3　　　　　　C.4　　　　　　D.2 或 4

【挑战过关】

1. 从数字 0,1,2,3 中任取 3 个不同数字组成三位数，则这样的三位数共有（　　）.

    A.18 个　　　　　B.24 个　　　　　C.27 个　　　　　D.64 个

2. 将 6 本书放在一层空书架上，其中指定的 2 本书居中放在一起，则不同的放法有（　　）.

    A.24 种　　　　　B.48 种　　　　　C.72 种　　　　　D.240 种

3. 3 位男同学和 2 位女同学站成一排一起照相（姿势不算），若 2 位女同学不相邻，不同的站法共有（　　）.

    A.120 种　　　　B.72 种　　　　　C.60 种　　　　　D.24 种

4. 由 1,2,3,4,5 这 5 个数字组成各位数字不重复的三位数，那么在这些三位数中是 5 的倍数的数共有（　　）.

    A.48 个　　　　　B.36 个　　　　　C.24 个　　　　　D.12 个

5. 4 封信投入 3 个邮箱中，不同的投递方法有（　　）.

    A.12 种　　　　　B.64 种　　　　　C.81 种　　　　　D.120 种

6. 从 1,2,3,4,5,6,7,8,9 这 9 个数中任意取出 3 个不同的数，其和为偶数，把取出的 3 个不同的数组成三位数，则不同的三位数的总数为（　　）.

    A.42　　　　　　B.44　　　　　　C.132　　　　　　D.264

7. 若 5 个同学排成一排，甲、乙两人相邻的排法有（　　）.

    A.12 种　　　　　B.36 种　　　　　C.48 种　　　　　D.60 种

8. 3 男 3 女站一排，姿势不计，3 个男的互不相邻，不同的站法共有（　　）.

    A.12 种　　　　　B.36 种　　　　　C.72 种　　　　　D.144 种

9. 由 0,1,2,3,4,5 可以组成多少个大于 2 000 且各位数字不重复的四位数？（　　）

    A.120　　　　　B.240　　　　　C.300　　　　　D.480

10. 某班一天上 6 节课，分别是语文、德育、数学、历史、英语、体育，如果体育不能安排在

第一节课,数学不能安排在第六节课,那么这天中 6 节课不同的安排方案有( ).

    A.120 种   B.240 种   C.480 种   D.504 种

    11.班上 10 名学生(含李某、王某和张某)参与竞选班长、团支部书记和学习委员,10 人中只能有 3 人入选,如果李某和王某至少 1 人入选,且张某没有入选,则不同的入选方法总数为( ).

    A.85   B.56   C.49   D.28

第二部分
"解答题"专项训练

第一单元　集合与不等式（组）

◆ 主要题型分布思维导图 ◆

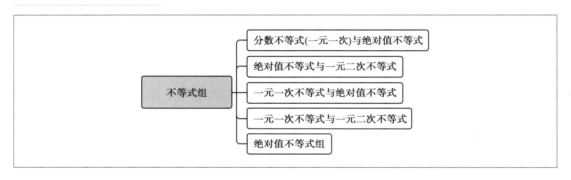

解不等式组

主要知识点

不等式组的解集；分数不等式；绝对值不等式；一元二次不等式.

重要概念、公式

（1）不等式组的解集是由不等式组中所有不等式的公共解组成的集合，即不等式组中所有不等式的解的交集.

（2）分数不等式：去分母时，各项均乘以同一个公倍数.

（3）含有绝对值的不等式：$|ax+b|<c(c>0)$ 去掉绝对值后变形为_____；$|ax+b|>c(c>0)$ 去掉绝对值后变形为_____.

（4）若 $a>0$ 时一元二次不等式 $ax^2+bx+c<0$ 或 $ax^2+bx+c>0$ 的解集可以"大于取_____，小于取_____".

【例1】 解分数不等式$\dfrac{x+1}{3}>\dfrac{x}{2}-1$.

解：由$\dfrac{x+1}{3}>\dfrac{x}{2}-1$ 去分母得 $2(x+1)>3x-6$，

去括号得 $2x+2>3x-6$，

移项合并同类项得 $-x>-8$，

两边同时除以 -1 得 $x<8$，

所以不等式的解集是 $\{x\mid x<8\}$.

✎ 【牛刀小试】

解不等式$\dfrac{3x-1}{4}<x+2$.

【例2】 解绝对值不等式 $3\mid 2x-1\mid -1\geqslant 2$.

解：由 $3\mid 2x-1\mid -1\geqslant 2$ 得 $\mid 2x-1\mid \geqslant 1$，

去掉绝对值得 $2x-1\geqslant 1$ 或 $2x-1\leqslant -1$，

解之得 $x\geqslant 1$ 或 $x\leqslant 0$，

所以不等式的解集是 $\{x\mid x\geqslant 1$ 或 $x\leqslant 0\}$.

✎ 【牛刀小试】

解绝对值不等式：$(1)\mid 3x+1\mid +1\geqslant 2$；$(2)-2\mid x+1\mid \geqslant -4$.

【例3】 解一元二次不等式 $-3x^2+2x+1\geqslant 0$.

解：解方程 $-3x^2+2x+1=0$ 得 $3x^2-2x-1=0$，

则 $(3x+1)(x-1)=0$，

解得 $x_1 = -\dfrac{1}{3}, x_2 = 1$.

画出函数 $y = -3x^2 + 2x + 1$ 的图像, 如图所示.

所以满足 $-3x^2 + 2x + 1 \geqslant 0$ 的解集是 $\left\{ x \mid -\dfrac{1}{3} \leqslant x \leqslant 1 \right\}$.

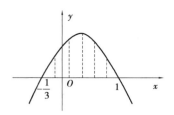

【牛刀小试】

解不等式: (1) $x^2 + 2x - 3 > 0$; (2) $x^2 - 3x - 10 < 0$.

【例4】 求不等式组 $\begin{cases} |2x-3| \leqslant 5 \\ \dfrac{2x-1}{3} + 1 < \dfrac{x+2}{2} \end{cases}$ 的整数解.

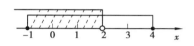

解: $\begin{cases} |2x-3| \leqslant 5 & ① \\ \dfrac{2x-1}{3} + 1 < \dfrac{x+2}{2} & ② \end{cases}$

由①得 $-5 \leqslant 2x - 3 \leqslant 5$,

解之得 $-1 \leqslant x \leqslant 4$.

由②得 $2(2x-1) + 6 < 3(x+2)$

$\qquad 4x - 2 + 6 < 3x + 6$

$\qquad x < 2$.

(画数轴求交集, 如图所示, 此过程可不书写出来)

所以原不等式组的解集是 $\{ x \mid -1 \leqslant x < 2 \}$,

故原不等式组的整数解是 $\{ -1, 0, 1 \}$.

【例5】 设集合 $A = \{ x \mid x^2 + 2x - 15 \leqslant 0 \}$, $B = \{ x \mid |2x-3| > 5 \}$, 求 $A \cap B$.

解: 由 $x^2 + 2x - 15 \leqslant 0$ 得 $(x+5)(x-3) \leqslant 0$, 解得 $-5 \leqslant x \leqslant 3$, 所以 $A = \{ x \mid -5 \leqslant x \leqslant 3 \}$; 由 $|2x-3| > 5$ 得 $2x-3 < -5$ 或 $2x-3 > 5$, 解得 $x < -1$ 或 $x > 4$, 所以 $B = \{ x \mid x < -1$ 或 $x > 4 \}$, $A \cap B = \{ x \mid -5 \leqslant x < -1 \}$.

【牛刀小试】

设集合 $A = \{ x \mid x^2 - 4x + 3 > 0 \}$, $B = \{ x \mid |2x+1| \leqslant 5 \}$, 求 $A \cap B$.

🌐 【挑战过关】

1.解不等式组 $\begin{cases} \dfrac{x+2}{3} < \dfrac{x+1}{2} \\ x+3 < -2(x-6) \end{cases}$.

2.解不等式组 $\begin{cases} |2x+3| \leqslant 5 \\ \dfrac{x+4}{3} \leqslant \dfrac{3x+2}{2} \end{cases}$.

3.设集合 $A = \{x \mid x^2 - 4x - 12 > 0\}$, $B = \{x \mid |x+2| \leqslant 9\}$,求 $A \cap B$.

4.解不等式组 $\begin{cases} |2x+1| \leqslant 5 \\ \dfrac{x+1}{2} < 1 - \dfrac{x}{3} \end{cases}$.

5.解不等式组 $\begin{cases} 2(x-3) < 3x-5 \\ |x+1| \geqslant 2 \end{cases}$.

6.解不等式组 $\begin{cases} |2x-1|<5 \\ 2(x-3)>x-5 \end{cases}$.

7.解不等式组 $\begin{cases} |x-2|\geqslant 1 \\ x^2+2x-8<0 \end{cases}$.

8.解不等式组 $\begin{cases} |1-3x|<5 \\ x^2+3>4x \end{cases}$.

9.设集合 $A=\{x|x^2-x-12\leqslant 0\}$ $B=\{x||1-4x|\geqslant 9\}$,求 $A\cap B$.

10.求不等式 $3<|2x+1|\leqslant 5$ 的整数解.

第二单元 函 数

◆ **主要题型分布思维导图** ◆

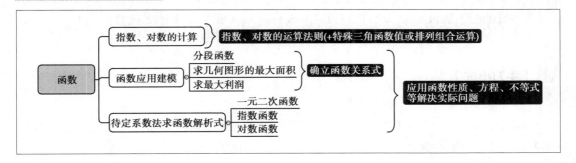

一、指数、对数的计算

🔖 **主要知识点**

指数的运算法则;对数的运算法则;排列组合的运算法则;诱导公式;特殊角的三角函数值.

🔖 **重要概念、公式**

(1)指数运算法则:

$a^0 = $ _____ $(a \neq 0)$;$a^{-n} = $ _____ $(a \neq 0)$;$a^m \cdot a^n = $ _____;$a^m \div a^n = $ _____;$(a^m)^n = $ _____;$(ab)^n = $ _____;$\left(\dfrac{a}{b}\right)^n = $ _____ $(b \neq 0)$;$\sqrt[n]{a^m} = $ _____ (a 的取值是使开方有意义的值).

📝 **【牛刀小试】**

$\sqrt[4]{16^3} = $ _____;$2^{\frac{1}{2}} = $ _____;$3^{-2} = $ _____;$\left(\dfrac{9}{16}\right)^{-\frac{1}{2}} = $ _____;$(\sqrt{5} - 1)^0 = $ _____;$(\sqrt{3} + \sqrt{2})^5(\sqrt{3} - \sqrt{2})^5 = $ _____;$10^{-2} = $ _____.

（2）对数运算法则：

$\log_a 1 = $ _____ ；$\log_a a = $ _____ ；$\log_a a^m = $ _____ ；$\log_a b^n = $ _____ ；

$a^{\log_a m} = $ _____ ；$\log_a b = $ _____ （换底公式）；$\log_a m + \log_a n = $ _____ ；

$\log_a m - \log_a n = $ _____ ；$\log_{(a^m)} b^n = $ _____ .（了解）

🔍 **温馨提示**：$\log_a b \cdot \log_b a = $ _____ ；$\lg 2 + \lg 5 = $ _____ .

常用对数：$\lg m = \log_{10} m$；自然对数：$\ln m = \log_e m$（e 是大于 1 的无理数）.

📝【**牛刀小试**】

$\log_5 1 = $ _____ ；$\log_2 16 = $ _____ ；$3^{\log_3 2} = $ _____ ；$\log_5 35 - \log_5 7 = $ _____ ；$\log_5 3 \cdot \log_3 5 = $ _____ ；$\lg 2 + \lg 5 = $ _____ ；$e^{\ln 3} = $ _____ ；$\lg 0.1 = $ _____ .

（3）排列组合的公式：

$P_n^m = n(n-1)(n-2)\cdots(n-m+1)$；$P_n^n = n! = n(n-1)(n-2)\cdots 3 \times 2 \times 1$；规定 $0! = 1$；

$C_n^m = \dfrac{n!}{(n-m)! \, m!}$；$C_n^n = 1$；规定 $C_n^0 = 1$.

📝【**牛刀小试**】

$P_4^2 = $ _____ ；$P_3^2 = $ _____ ；$P_5^3 = $ _____ ；$P_3^3 = $ _____ ；$C_3^2 = $ _____ ；$C_5^0 = $ _____ ；$C_6^6 = $ _____ ；$C_4^3 = $ _____ .

（4）特殊角的三角函数值：

α	0°	30°	45°	60°	90°
弧度					
$\sin \alpha$					
$\cos \alpha$					
$\tan \alpha$					

【牛刀小试】

$\sin \dfrac{7}{6}\pi =$ _____ ; $\cos \dfrac{2}{3}\pi =$ _____ ; $\tan \dfrac{3}{4}\pi =$ _____ ; $\cos\left(-\dfrac{5}{6}\pi\right) =$ _____ ;

$\sin \dfrac{5}{3}\pi =$ _____ ; $\tan \dfrac{5}{4}\pi =$ _____ ; $\cos \pi =$ _____ ; $\sin 0 =$ _____ .

【例1】 计算 $\log_3 21 - \log_3 7 + 2^{\lg 1} + \sin \dfrac{\pi}{6} - 3! - 4^{\frac{1}{2}} + C_3^2$.

解: 原式 $= \log_3 \dfrac{21}{7} + 2^0 + \dfrac{1}{2} - 6 - (2^2)^{-\frac{1}{2}} + 3$

$= \log_3 3 + 1 + \dfrac{1}{2} - 6 - 2^{-1} + 3$

$= 1 + 1 + \dfrac{1}{2} - 6 - \dfrac{1}{2} + 3$

$= -1$

【挑战过关】

1. 计算 $\log_7 49 + 2^{-1} - \cos \dfrac{\pi}{3} - C_2^1 + \lg 0.01 + 2\,021^0$.

2. 计算 $(\sqrt{2}-1)^0 - \log_2 5 \cdot \log_5 2 + P_3^2 - \left(\dfrac{1}{2}\right)^{-1} + \tan \dfrac{\pi}{4} + \lg 100$.

3. 计算 $\log_3 9 + 2^3 + \sin^2 \dfrac{\pi}{4} - C_3^3 - \left(\dfrac{1}{4}\right)^{-1} - \ln 1$.

4.计算 $5^0+\lg 10-\tan \dfrac{\pi}{3}+P_2^1-\left(\dfrac{1}{3}\right)^{-1}-\lg 2-\lg 5.$

5.计算 $2^2+\ln e^3-\cos \dfrac{2\pi}{3}-C_4^2+\left(\dfrac{1}{9}\right)^{-\frac{1}{2}}+\log_4 1.$

6.计算 $2^{-2}-\log_2\left(\sqrt{3}\right)^0+\lg 0.1-C_3^2+\lg(\ln e).$

7.计算 $\lg 1+\sin\left(-\dfrac{\pi}{6}\right)-P_4^2+4^{\frac{1}{2}}+\log_3 27.$

8.计算 $\dfrac{1}{2}\times2^{\frac{1}{2}}+\ln e+\cos \dfrac{3\pi}{4}-C_4^3+\log_7 4-\log_7 28.$

9.计算 $(-2)^{-2}-\log_2\sqrt{2}+\lg 0.01-C_4^0+\sin^2\frac{\pi}{3}$.

10.计算 $\ln(\lg 10)-\lg 2-\lg 5+\sqrt{3}\tan\frac{5\pi}{6}+P_6^2$.

11.计算 $\left(\frac{64}{27}\right)^{-\frac{1}{3}}+\frac{1}{2}\log_{\sqrt{3}}3+\cos 0-\log_5(\sqrt{5}-1)^0$.

12.计算 $6\times\left(\frac{1}{9}\right)^{-\frac{1}{2}}+\lg 25+\lg 4-\tan^2\frac{\pi}{3}+P_4^4$.

二、建立函数模型，应用函数知识解决有关实际问题

🔺 **主要知识点**

用解析法表示函数关系;二次函数的实际应用.

🔺 **重要概念、公式**

（1）面积公式：

三角形的面积是_____;矩形的面积是_____;梯形的面积是_____;平行四边形的面积是_____.

（2）利润：

总利润＝总收入_____总成本（或总利润＝每件产品的利润×产品的_____）；

总收入＝销售每件产品的单价_____销售产品的数量．

（3）一元二次函数 $y=ax^2+bx+c(a\neq 0)$，配方得 $y=a\left(x+\dfrac{b}{2a}\right)^2+\dfrac{4ac-b^2}{4a}$，

若 $a<0$，则当 $x=$_____时，函数有最大值 $y_{max}=\dfrac{4ac-b^2}{4a}$；

若 $a>0$，则当 $x=$_____时，函数有最小值 $y_{min}=\dfrac{4ac-b^2}{4a}$．

【牛刀小试】

（1）某矩形的长为 x，宽为 $t=kx-20$，面积为 y，则 y 与 x 的函数关系式是_____．

（2）某服装店以每件 102 元购进一批服装，如果每件以 180 元出售，一周可以出售 20 件，则①每件的利润是_____元，总利润是_____元；②假设门店每周的固定支出是 600 元，则该服装店一周的总利润是_____元．

（3）二次函数 $y=-2x^2+40x-80$ 配方得_____，所以当 $x=$_____时，函数有最大值，最大值是_____．

【例2】　现修建一个如图所示的"目"字形养鸡场，鸡场的一边靠墙，其中 AB,BC,CD 使用甲型材料，EF,GH 使用乙型材料，甲型材料的单价是每米 40 元，乙型材料的单价是每米 20 元，修建此养鸡场计划花费 400 元，设 AB 为 x 米，养鸡场的面积为 y 平方米．

（1）列出 y 与 x 的函数关系式并求出 x 的取值范围；

（2）当 AB 长度为多少米时，养鸡场的面积最大？并求最大面积．

解：（1）因为养鸡场为矩形，且 AB 的长度为 x 米，AB,EF,GH,CD 边共花费 $120x$ 元，则 BC 边的花费为（$400-120x$）元，所以 BC 的长度为（$10-3x$）米，则 $y=x(10-3x)$，

且 $\begin{cases}x>0\\10-3x>0\end{cases}$，解得 $0<x<\dfrac{10}{3}$，因此 y 与 x 的函数关系式是 $y=-3x^2+10x\left(0<x<\dfrac{10}{3}\right)$．

（2）$y=-3x^2+10x\left(0<x<\dfrac{10}{3}\right)$

$=-3\left(x^2-\dfrac{10}{3}x\right)=-3\left[x^2-\dfrac{10}{3}x+\left(\dfrac{5}{3}\right)^2-\left(\dfrac{5}{3}\right)^2\right]$

$=-3\left(x-\dfrac{5}{3}\right)^2+\dfrac{25}{3}$

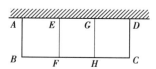

所以当 $x = \dfrac{5}{3}$ 时, $y_{max} = \dfrac{25}{3}$.

即当 AB 长度为 $\dfrac{5}{3}$ 米时,养鸡场的面积最大,最大面积是 $\dfrac{25}{3}$ 平方米.

此题列出函数关系式后也可采用公式法求其最大面积:

因为 $y = -3x^2 + 10x\left(0 < x < \dfrac{10}{3}\right)$, $a = -3 < 0$,

所以当 $x = -\dfrac{b}{2a} = -\dfrac{10}{2 \times (-3)} = \dfrac{5}{3}$, 且 $\dfrac{5}{3} \in \left\{x \mid 0 < x < \dfrac{10}{3}\right\}$ 时,

函数有最大值 $y_{max} = -3 \times \left(\dfrac{5}{3}\right)^2 + 10 \times \dfrac{5}{3} = \dfrac{25}{3}$.

🔍 **温馨提示**:(1)在求面积问题中,列函数关系时,首先设未知数 x,然后需把与面积有关的各线段长用含 x 的代数式表示.

(2)采用配方法求最值时,如果函数的右端首项系数不为 1,则只能各项提取系数让首项系数变为 1,而不能除以系数.

【例3】 某商场以每件 30 元的价格购进一种商品,试销中发现这种商品每天的销售量 p(件)与每件的售价 x(元)满足函数关系 $p = \begin{cases} 140 - 2x, & 0 < x < 70 \\ 0, & x \geqslant 70 \end{cases}$.

(1)写出商场每天销售这种商品的利润 y(元)与售价 x 之间的函数关系式(每件商品的利润=售价-进价);

(2)商场在销售这种商品的过程中要想获得最大利润,每件商品的售价是多少? 每天的最大利润是多少?

解:(1)由题意得,当 $x \geqslant 70$ 时, $y = 0$;当 $0 < x < 70$ 时, $y = px = (x - 30)(140 - 2x)$,化简为 $y = -2x^2 + 200x - 4\,200$,

所以商场每天销售这种商品的利润 y(元)与售价 x 之间的函数关系式是

$$y = \begin{cases} -2x^2 + 200x - 4\,200, & 0 < x < 70 \\ 0, & x \geqslant 70 \end{cases}.$$

(2)由(1)得 $y = -2x^2 + 200x - 4\,200 = -2(x - 50)^2 + 800$, $0 < x < 70$.

所以当这种商品每件的售价为 50 元时,商场获得的利润最大,其每天的最大销售利润是 800 元.

🌐 **【挑战过关】**

1.某种砌墙的建筑材料总长是 24 米,如果用此建筑材料修建一个矩形花台,如图所示.在矩形花台中,设 AB 为 x 米,矩形的面积为 y 平方米.

（1）写出矩形花台的面积 y 与 AB 的长度 x 的函数关系式，并写出 x 的取值范围；

（2）当矩形花台的面积不少于 20 平方米时，求 x 的取值范围；

（3）当 AB 是多少米时矩形花台的面积最大？最大面积是多少？

2.某建筑施工队将修建一个形如等腰梯形的建筑，建筑材料只有 6 千米长，客户要求 $D=120°$，设 $|AD|=x$ 千米.

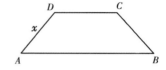

（1）写出围成的梯形面积 S 与 x 的函数关系式，并求出 x 的定义域；

（2）当 x 取何值时，此建筑围成的梯形面积最大？最大面积是多少？

3.在矩形 $ABCD$ 中，$AB=10$ m，$BC=8$ m，E,F,G,H 分别为 AB,BC,CD,DA 边上的点，且 $AE=AH=CF=CG$，设 $AE=x$米，四边形 $EFGH$ 的面积为 y 平方米.

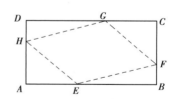

（1）写出四边形 $EFGH$ 的面积 y 与 AE 的长度 x 的函数关系式；

（2）当 x 取何值时，四边形 $EFGH$ 的面积最大？并求出最大面积.

4.如图所示,在△*ABC* 中,*C*=90°,*AC*=30 cm,*BC*=20 cm,点 *M* 由 *C* 向 *B* 方向以每秒 1 厘米的速度移动,同时点 *N* 由 *A* 向 *C* 方向以每秒 2 厘米的速度移动.

(1)设 *M*,*N* 的运动时间是 *x* 秒,写出四边形 *ABMN* 的面积 *y* 与 *x* 的函数关系式,并求 *x* 的取值范围;

(2)当运动时间为多少秒时,四边形 *ABMN* 的面积最小? 最 小面积是多少?

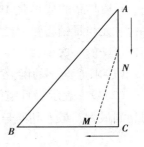

5.某种产品每件售价为 60 元,每月可以售出 300 件,经市场调查发现,每涨价 1 元每月 少售出 10 件,每降价 1 元每月多售出 20 件,这种产品的进价为每件 40 元,如何定价才能使 所获利润最大?

6.已知某种商品,平均每月销量 *x* 件与货价 *p*(元/件)之间的函数关系为 *p*=120−*x*,销售 *x* 件商品的成本函数为 *c*=500+30*x*.

(1)写出每月利润 *y*(元)与 *x*(件)的函数关系式;

(2)当 *x* 为何值时,利润 *y* 最大? 并求出最大利润.

7.某产品的成本是 10 元,在试销阶段,每件产品的销售价 x 元与日销售量 P 之间的关系如表所示,销售量 P 是销售价 x 的一次函数.

| x | ... | 15 | 20 | 30 | ... |
| P | ... | 25 | 20 | 10 | ... |

(1)求 P 与 x 的函数关系式;

(2)设 y 表示每日销售此产品的利润,写出 y 与 x 的函数关系式.售价为多少元时,每日的利润最大? 最大利润是多少?

8.新世纪超市以每盒 42 元的价钱购进一种巧克力,根据试销得知:这种巧克力每天的销售量 t(盒)与每盒的销售价 x(元/盒)可以看作一次函数关系: $t = -3x + 204$.

(1)写出新世纪超市每天卖这种巧克力的销售利润 y(元)与每盒的销售价 x 之间的函数关系式(每天的销售利润是指所卖出巧克力的销售价与购进价的差);

(2)如果新世纪超市想每天获得最大的销售利润,那么每盒的销售价定为多少时,可以实现? 最大销售利润是多少?

9.某件商品的进价为 40 元,售价为 50 元,每个月可卖出 210 件,如果商品的售价每上涨 1 元,则每个月少卖 10 件(每件不高于 65 元).设每件商品的售价上涨 x 元(x 为整数),每个月的销售利润为 y 元.

(1)求 y 与 x 的函数关系式,并直接写出自变量 x 的取值范围;

(2)若每个月的利润为 2 200 元,每件商品的售价应定为多少元;

(3)每件商品的售价定为多少元时,每个月可获得最大利润? 最大利润是多少元?

10.某食品加工厂生产 A 种食品,每件销售价是 30 元,招收一名新工人每天生产食品为 P 件,设这名新工人第 x 天生产的食品数量 P(件)与 x 的函数关系是 $P=\begin{cases}x+8,0<x\leqslant 6\\12,6<x<12\end{cases}$,且每件食品的成本 Q(元)与 x 的函数关系是 $Q=0.5x+24$.

(1)设这名新工人第 x 天创造的利润为 w 元,写出 w 与 x 的函数关系式;

(2)求这名新工人第几天创造的利润最大? 最大利润是多少元?

三、待定系数法

主要知识点

指数函数、对数函数、二次函数的解析表达式;函数的图像和性质;指数、对数的简单计算.

重要概念、公式

(1)二次函数的解析式是_____,其顶点式是_____,其单调性:

当 $a>0$ 时,函数在区间_____上为增函数,在区间_____上为减函数;

当 $a<0$ 时,函数在区间_____上为增函数,在区间_____上为减函数.

(2)指数函数的解析式是_____,图像必过点_____,其单调性:

当 $0<a<1$ 时,函数在区间 $(-\infty,+\infty)$ 上为_____函数;

当 $a>1$ 时,函数在区间 $(-\infty,+\infty)$ 上为_____函数.

(3)对数函数的解析式是_____,图像必过点_____,其单调性:

当 $0<a<1$ 时,函数在区间 $(0,+\infty)$ 上为_____函数;

当 $a>1$ 时,函数在区间 $(0,+\infty)$ 上为_____函数.

【例4】 已知函数 $f(x)=a^x(a>0,a\neq1)$ 的图像过点 $\left(2,\dfrac{1}{4}\right)$.

(1)求 a 的值;

(2)若 $f(x+2)<f(x^2)$,求 x 的取值范围.

解:(1)由题意得 $a^2=\dfrac{1}{4}$,解得 $a=\dfrac{1}{2}$.

(2)因为 $a=\dfrac{1}{2}$,所以 $f(x)=\left(\dfrac{1}{2}\right)^x$,若 $f(x+2)<f(x^2)$,则 $\left(\dfrac{1}{2}\right)^{x+2}<\left(\dfrac{1}{2}\right)^{x^2}$,

由于底数 $0<a=\dfrac{1}{2}<1$,所以 $x+2>x^2$,即 $x^2-x-2<0$,解之得 $\{x\mid-1<x<2\}$.

【例5】 已知函数 $f(x)=k-\log_6(x^2-3x-4)$,且 $f(-2)=2$.

(1)求 k 的值;

(2)求函数 $f(x)$ 的定义域;

(3)若 $f(x)\geq2$,求 x 的取值范围.

解:(1)因为 $f(-2)=2$,所以 $k-\log_6[(-2)^2-3\times(-2)-4]=2$,

则 $k=\log_66+2=1+2=3$,所以 $k=3$.

(2)要使函数 $f(x)$ 有意义,必须满足

$x^2-3x-4>0$

$(x-4)(x+1)>0$

$x<-1$ 或 $x>4$,

所以函数 $f(x)$ 的定义域是 $\{x\mid x<-1$ 或 $x>4\}$.

(3)由(1)得 $f(x)=3-\log_6(x^2-3x-4)$,

因为 $f(x)\geq2$,所以

$3-\log_6(x^2-3x-4)\geq2$

$\log_6(x^2-3x-4)\leq1$

$x^2-3x-4\leq6$

$x^2-3x-10\leq0$

$(x-5)(x+2)\leq0$,

解得 $\{x\mid-2\leq x\leq5\}$.

又因为 $\{x\mid x<-1$ 或 $x>4\}$,

所以当 x 取值范围为 $\{x\mid-2\leq x<-1$ 或 $4<x\leq5\}$ 时,$f(x)\geq2$.

🔍 **温馨提示:**指数不等式的解法是两边化成同底的指数,对数不等式的解法是两边化成同底的对数,再根据指(对)数函数的单调性转化成一元一次或一元二次不等式,再求解集.

🌐 【挑战过关】

1.已知二次函数$f(x)$的顶点坐标为$(2,3)$,且它的图像经过$A(1,2)$,(1)求$f(x)$的解析表达式;(2)若$f(x) \geq 0$,求x的取值范围.

2.已知函数$f(x) = a^x - 2(a>0$且$a \neq 1)$的图像经过点$P(1,1)$,(1)求$f(3)$;(2)当x取何值时,$f(x)>7$?

3.已知$f(x) = \log_2(x^2 - 2x)$,(1)求函数$f(x)$的定义域;(2)当x为何值时,$f(x) \leq 3$?

4.已知二次函数$f(x)$的图像经过3点$A(-3,0)$,$B(1,0)$,$C(-4,5)$,(1)求$f(x)$的解析表达式;(2)求函数$f(x)$的单调区间和函数的值域;(3)当x为何值时,$f(x)>0$?

5.已知指数函数$f(x)$的图像经过点$(-1,3)$,(1)求$f(x)$的解析表达式;(2)若$1 - f(2x - x^2)>0$,求x的取值范围.

6.若指数函数 $f(x)$ 的图像经过点 $\left(-1, \dfrac{1}{5}\right)$,(1)求 $f(x)$ 的解析表达式;(2)若 $g(x)=\log_5 f(x)$,当 $g(x^2+5x-6)<0$ 时,求 x 的取值范围.

7.已知函数 $y_1=x^2-2x+5$ 的图像交 y 轴于点 A,它的对称轴为直线 l,函数 $y_2=a^x(a>1)$ 的图像交 y 轴于点 B,交直线 l 于点 C,(1)求 $\triangle ABC$ 的面积;(2)设 $a=3$,求 AC 的长.

四、函数综合运用

【例6】 设 $f(x)=e^{2x}-2e^{x+1}+2$.

(1)求 $f(-1)$ 的值;

(2)当 x 为何值时,$f(x)$ 取得最小值? 并求出其最小值.

解:(1)$f(-1)=e^{-2}-2e^{-1+1}+2=\dfrac{1}{e^2}-2+2=\dfrac{1}{e^2}$.

(2)$f(x)=(e^x)^2-2e\cdot e^x+(e)^2-(e)^2+2=(e^x-e)^2-(e)^2+2$.

所以,当 $e^x=e$ 时,即 $x=1$ 时,$f(x)$ 取得最小值,最小值是 $f(1)=2-e^2$.

【牛刀小试】

设 $f(x)=4^x-2^{x+3}+3$.(1)求 $f(-1)$ 的值;(2)当 x 为何值时,$f(x)$ 取得最小值? 并求出其最小值.

🌐 【挑战过关】

1.设函数 $f(x)=3^{x^2+3x+m}$（其中 m 为常数），且 $f(-1)=\dfrac{1}{3}$. (1)求 m 的值; (2)求 $f(x)$ 在区间 $(-\infty,+\infty)$ 上的最小值.

2.设函数 $f(x)=4^{-x}-\left(\dfrac{1}{2}\right)^{x-1}-1$. (1)求 $f(0)$ 的值; (2)求 $f(x)$ 在区间 $(-\infty,+\infty)$ 上的最小值.

3.设函数 $f(x)=2^{x^2-4x+a}$（其中 a 为常数），且 $f(0)=4$. (1)求 a 的值; (2)求 $f(x)$ 在区间 $(-\infty,+\infty)$ 上的最小值.

4.设函数 $f(x)=\sin^2 x-6\sin x+\dfrac{1}{4}$. (1)求 $f\left(\dfrac{\pi}{3}\right)$ 的值; (2)求 $f(x)$ 在区间 $(-\infty,+\infty)$ 上的最小值和最大值.

第三单元　数　列

◆ 主要题型分布思维导图 ◆

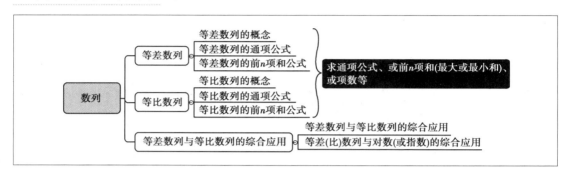

等差(比)数列的通项公式、求和公式的运用

主要知识点

等差(比)数列的有关概念;等差(比)数列的通项公式;等差(比)数列的前 n 项和公式.

重要概念、公式

(1)等差数列:通项公式 $a_n =$ _____,前 n 项和公式 $S_n =$ _____.

(2)等比数列:通项公式 $a_n =$ _____,前 n 项和公式 $S_n =$ _____.

【例1】 已知在等差数列 $\{a_n\}$ 中, $a_4 = 7$, $a_{13} = -11$,(1)求数列 $\{a_n\}$ 的通项公式;(2)设 $\{a_n\}$ 的前 n 项和为 S_n,求 S_n 的最大值.

解:(1)设等差数列 $\{a_n\}$ 的公差为 d,则 $a_1 + 3d = 7$, $a_1 + 12d = -11$,

解得 $a_1 = 13$, $d = -2$.

所以数列 $\{a_n\}$ 的通项公式为 $a_n = 13 + (n-1) \times (-2) = -2n + 15$.

(2)解法 1:由 $a_n = -2n + 15$ 知,当 $n \leqslant 7$ 时, $a_n > 0$;当 $n > 7$ 时, $a_n < 0$.

所以数列 $\{a_n\}$ 的前 7 项和最大,且 $S_7 = 7 \times 13 + \dfrac{7 \times 6}{2} \times (-2) = 49$.

解法 2:因为 $S_n = na_1 + \dfrac{n(n-1)}{2}d = 13n + \dfrac{n(n-1)}{2} \times (-2)$

$= -n^2 + 14n = -(n-7)^2 + 49$.

所以当 $n=7$ 时, S_n 取得最大值49.

【牛刀小试】

已知等差数列 $\{a_n\}$ 的前 n 项和为 S_n, 且 $S_3=-21$, 公差 $d=4$, (1)求数列 $\{a_n\}$ 的通项公式; (2)若 $S_k=70$, 求 k 的值.

【例2】 已知在等比数列 $\{a_n\}$ 中, $a_3=6$, $a_2+a_4=20$, 且 $a_1<a_3$, (1)求数列 $\{a_n\}$ 的通项公式; (2)求 $\{a_n\}$ 的前 n 项和 S_n.

解: (1)设等比数列 $\{a_n\}$ 的公比为 q, 由题意得

$$\begin{cases} a_1q^2=6 \\ a_1q+a_1q^3=20 \end{cases}, 解之得 \begin{cases} a_1=\dfrac{2}{3} \\ q=3 \end{cases} 或 \begin{cases} a_1=54 \\ q=\dfrac{1}{3} \end{cases}, 因为 a_1<a_3, 所以 \begin{cases} a_1=\dfrac{2}{3} \\ q=3 \end{cases}.$$

等比数列 $\{a_n\}$ 的通项公式是 $a_n=a_1q^{n-1}=\dfrac{2}{3}\times3^{n-1}=2\times3^{n-2}$.

(2)由前 n 项公式 $S_n=\dfrac{a_1(1-q^n)}{1-q}$ 得 $S_n=\dfrac{\dfrac{2}{3}(1-3^n)}{1-3}=\dfrac{1-3^n}{-3}=\dfrac{3^n-1}{3}$.

【牛刀小试】

在等比数列 $\{a_n\}$ 中, $a_1=\dfrac{1}{2}$, $a_4=-32$, (1)求公比 q; (2)若 $b_n=\lg 10^{|a_n|}$, 求数列 $\{b_n\}$ 的前 n 项和 S_n.

【例3】 已知在等差数列$\{a_n\}$中，若$a_2=5$，$a_5=11$，（1）求数列$\{a_n\}$的通项公式；（2）若$b_n=3^{a_n}$，求数列$\{b_n\}$的前n项和S_n.

解：（1）设等差数列$\{a_n\}$的公差为d，则$a_1+d=5$，$a_1+4d=11$，

解得$a_1=3$，$d=2$.

所以数列$\{a_n\}$的通项公式为$a_n=3+(n-1)\times2=2n+1$.

（2）由（1）$a_n=2n+1$得$b_n=3^{2n+1}$，显然数列$\{b_n\}$是首项为27，公比为9的等比数列.

从而数列$\{b_n\}$的前n项和$S_n=\dfrac{27(1-9^n)}{1-9}=\dfrac{27(9^n-1)}{8}=\dfrac{3^{2n+3}-27}{8}$.

【牛刀小试】

已知在等差数列$\{a_n\}$中，$a_3=1$，$a_7=9$，（1）求数列$\{a_n\}$的通项公式；（2）若$b_n=2^{a_n}$，求数列$\{b_n\}$的前n项和S_n.

【例4】 已知在等比数列$\{a_n\}$中，$a_2=2$，$a_5=16$，若$b_n=\log_2a_n$，（1）求数列$\{a_n\}$的通项公式；（2）求数列$\{b_n\}$的前10项和S_{10}.

解：（1）设等比数列$\{a_n\}$的公比是q，则$2\cdot q^3=16$，解得$q=2$，$a_1=1$.

所以数列$\{a_n\}$的通项公式是$a_n=1\times2^{n-1}=2^{n-1}$.

（2）因为$b_n=\log_2a_n$，所以$b_n=\log_22^{n-1}=n-1$.

所以$b_n-b_{n-1}=n-1-(n-2)=1$.

则数列$\{b_n\}$是首项为0，公差为1的等差数列.

故数列$\{b_n\}$的前10项和$S_{10}=10\times0+\dfrac{10\times9\times1}{2}=45$.

【牛刀小试】

已知在等差数列$\{a_n\}$中，$a_2=13$，$a_4+a_7=12$，（1）求数列$\{a_n\}$的通项公式；（2）若$b_n=10^{a_n}$，求数列$\lg b_1+\lg b_2+\lg b_3+\cdots+\lg b_{20}$的值.

🌐 【挑战过关】

1.已知在各项均为正数的等比数列$\{a_n\}$中，$a_2=3$，$a_4=27$，（1）求数列$\{a_n\}$的通项公式；（2）若$b_n=\log_3 a_n$，求数列$\{b_n\}$的前n项和S_n.

2.已知数列$\{a_n\}$中满足条件$a_n-3=a_{n-1}(n\geq 2,n\in \mathbf{N}^*)$，且$a_1=5$，（1）求它的通项公式；（2）求它的前20项和.

3.已知数列$\{a_n\}$中满足条件$a_n=2a_{n-1}(n\geq 2,n\in \mathbf{N}^*)$，且$a_1=3$，（1）求它的通项公式；（2）求它的前6项和.

4.已知在等差数列$\{a_n\}$中，$a_1=24$，$a_4=18$，（1）求数列$\{a_n\}$的公差；（2）设$\{a_n\}$的前n项和为S_n，求S_n的最大值.

5.已知在等差数列$\{a_n\}$中,$a_2=15$,$a_5=6$,(1)求数列$\{a_n\}$的通项公式;(2)若S_n表示$\{a_n\}$的前n项和,求S_{40};(3)若a_8,a_k,a_{16}构成等比数列,求k的值.

6.已知在等差数列$\{a_n\}$中,$a_1=-22$,公差$d=6$,(1)求a_{30}的值;(2)若该数列的前n项和为50,求n的值.

7.已知在等比数列$\{a_n\}$中,$a_n>0$,$a_3=3$,$a_5=27$,(1)求数列$\{a_n\}$的通项公式;(2)如果等差数列$\{b_n\}$的首项是a_4,第3项是a_2,判断-31是不是这个数列中的数,如果是,求它的项数;(3)由(2)求出数列$\{b_n\}$的前10项和S_{10}.

8.已知在等差数列$\{a_n\}$中,$a_2=9$,$a_6=81$,(1)求数列$\{a_n\}$的通项公式;(2)若a_2,a_3分别为等比数列$\{b_n\}$的第2项和第3项,求数列$\{b_n\}$的前n项和S_n.

9.已知在等差数列$\{a_n\}$中,$a_5 = 31$,$a_{17} = 7$,(1)求数列$\{a_n\}$的通项公式;(2)当n为何值时,该数列的前n项和S_n最大,最大是多少?

10.已知在等差数列$\{a_n\}$中,若$a_4 = -26$,$a_7 = -14$,(1)等差数列$\{a_n\}$的前多少项和最小?并求出最小和的值;(2)若$a_8 - m$,a_9,$a_{10} + m$是等比数列,求m的值.

11.已知$\{a_n\}$是等差数列,$a_1 = 2$,$a_1 + a_2 + a_3 = 12$,(1)求数列$\{a_n\}$的通项公式;(2)令$b_n = a_n + 3^n$,求$\{b_n\}$的前n项和S_n.

第四单元　三角函数

◆ 主要题型分布思维导图 ◆

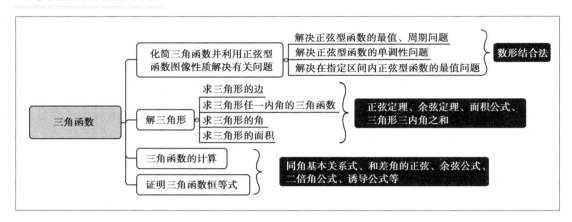

一、同角的正弦型与余弦型函数之和化为正弦型函数，求函数的最值和周期

📌 **主要知识点**

任意角的三角函数的定义;正弦的和角、差角公式;特殊角的三角函数数值表;把形如 $f(x)=a\sin \omega x+b\cos \omega x$ 的函数化简成正弦型函数;正弦型函数的最值和最小正周期.

📌 **重要概念、公式**

(1)若 $P(x,y)$ 是角 α 终边上的一点,则 $|OP|=r=$_____, $\sin \alpha=$_____, $\cos \alpha=$_____, $\tan \alpha=$_____.

📖 【牛刀小试】

若点 $A(-3,4)$ 是角 α 终边上的一点,则 $r=$_____, $\sin \alpha=$_____, $\cos \alpha=$_____, $\tan \alpha=$_____.

（2）两角和与差的正弦公式：

$\sin(\alpha+\beta)=$ _____；

$\sin(\alpha-\beta)=$ _____．

📝 【牛刀小试】

（1）$\sin 3x \cos \dfrac{\pi}{5}+\cos 3x \sin \dfrac{\pi}{5}=$ _____；

（2）$\sin\left(2x+\dfrac{\pi}{4}\right) \cos \dfrac{\pi}{6}-\cos\left(2x+\dfrac{\pi}{4}\right) \sin \dfrac{\pi}{6}=$ _____．

（3）特殊角 $\dfrac{\pi}{6},\dfrac{\pi}{4},\dfrac{\pi}{3}$ 的正余弦值表：

α	$30°=\dfrac{\pi}{6}$	$45°=\dfrac{\pi}{4}$	$60°=\dfrac{\pi}{3}$
$\sin \alpha$			
$\cos \alpha$			

（4）把形如 $f(x)=a \sin \omega x+b \cos \omega x$ 的函数化成正弦型函数：

若 $P(x,y)$ 是角 φ 终边上的一点，则 $|OP|=r=\sqrt{a^2+b^2}$

所以 $\sin \varphi=\dfrac{b}{\sqrt{a^2+b^2}},\cos \varphi=\dfrac{a}{\sqrt{a^2+b^2}}$

因此 $f(x)=\sqrt{a^2+b^2}\left(\sin \omega x \cdot \dfrac{a}{\sqrt{a^2+b^2}}+\cos \omega x \cdot \dfrac{b}{\sqrt{a^2+b^2}}\right)$

$\qquad =\sqrt{a^2+b^2}(\sin \omega x \cdot \cos \varphi+\cos \omega x \cdot \sin \varphi)$

$\qquad =\sqrt{a^2+b^2}\sin(\omega x+\varphi)$

（5）正弦型函数 $y=A \sin(\omega x+\varphi)+m$：

函数的最大值 $y_{\max}=|A|+m$，函数的最小值 $y_{\min}=-|A|+m$，最小正周期 $T=\left|\dfrac{2\pi}{\omega}\right|$．

【牛刀小试】

（1）函数 $y = 5\sin\left(2x + \dfrac{\pi}{7}\right) - 1$ 的最大值是_____，最小值是_____，最小正周期是_____；

（2）函数 $y = -3\sin\left(\dfrac{1}{2}x - \dfrac{\pi}{6}\right) + 2$ 的最大值是_____，最小值是_____，最小正周期是_____．

【例 1】　把函数 $f(x) = \sin x + \sqrt{3}\cos x$ 化成正弦型函数，并求它的最大值和最小正周期．

解：因为 $a = 1, b = \sqrt{3}$，所以 $\sqrt{a^2 + b^2} = 2$，则

$$f(x) = 2\left(\sin x \cdot \dfrac{1}{2} + \cos x \cdot \dfrac{\sqrt{3}}{2}\right)$$

$$= 2\left(\sin x \cdot \cos\dfrac{\pi}{3} + \cos x \cdot \sin\dfrac{\pi}{3}\right)$$

$$= 2\sin\left(x + \dfrac{\pi}{3}\right).$$

所以 $f(x) = 2\sin\left(x + \dfrac{\pi}{3}\right)$，它的最大值是 2，最小正周期是 2π．

【牛刀小试】

把函数 $f(x) = \sin x - \cos x$ 化成正弦型函数．

【挑战过关】

1.把函数 $f(x) = \sqrt{3}\sin 2x - \cos 2x$ 化成正弦型函数，并求它的最大值、最小值和最小正周期．

2.把函数 $f(x) = 2\sin x + 2\cos x$ 化成正弦型函数,并求它的最大值、最小值和最小正周期.

3.把函数 $f(x) = -2\sin 3x + 2\sqrt{3}\cos 3x$ 化成正弦型函数,并求它的最大值、最小值和最小正周期.

4.把函数 $f(x) = \sqrt{3}\sin\left(x + \dfrac{\pi}{4}\right) - \cos\left(x + \dfrac{\pi}{4}\right)$ 化成正弦型函数,并求它的最大值、最小值和最小正周期.

5.把函数 $f(x) = \sqrt{2}\sin 4x + \sqrt{2}\cos 4x$ 化成正弦型函数,并求它的最大值、最小值和最小正周期.

二、化简三角函数并利用正弦型函数图像解决有关问题

主要知识点

同角三角函数的基本关系;诱导公式;两角和与差的正(余)弦公式;二倍角公式;正弦型函数的图像性质.

重要概念、公式

(1)同角三角函数基本关系式:

$\sin^2\alpha+\cos^2\alpha=$ _____ ;$\tan\alpha=$ _____ .

(2)诱导公式:

$\sin(3\pi-\alpha)=$ _____ ;$\sin(-\alpha)=$ _____ ;$\cos(-\alpha)=$ _____ ;

$\sin(-\pi-\alpha)=$ _____ ;$\cos(\pi-\alpha)=$ _____ ;

$\cos\left(\dfrac{\pi}{2}+\alpha\right)=$ _____ ;$\sin\left(-\dfrac{\pi}{2}+\alpha\right)=$ _____ .

(3)两角和与差的正弦、余弦、正切公式:

$\sin(\alpha+\beta)=$ _____ ;$\sin(\alpha-\beta)=$ _____ ;

$\cos(\alpha+\beta)=$ _____ ;$\cos(\alpha-\beta)=$ _____ .

(4)二倍角公式:

$\sin 2\alpha=$ _____ ;

$\cos 2\alpha=$ _____ $=$ _____ $=$ _____ .

【牛刀小试】

$\sin\alpha\cos\alpha=$ _____ $\sin 2\alpha$;$\cos^2\alpha=$ _____ (用 $\cos 2\alpha$ 表示);

$\sin^2\alpha=$ _____ (用 $\cos 2\alpha$ 表示).

(5)正弦型函数 $y=A\sin(\omega x+\varphi)+m(A>0,\omega>0)$ 在一个周期内的单调性:

因为当 x 增大时,"$\omega x+\varphi$"也增大,所以这里可以把"$\omega x+\varphi$"看成一个整体.正弦型函数 $y=A\sin(\omega x+\varphi)+m$ 的图像变化趋势与正弦函数 $y=\sin x$ 完全一致,如图所示.

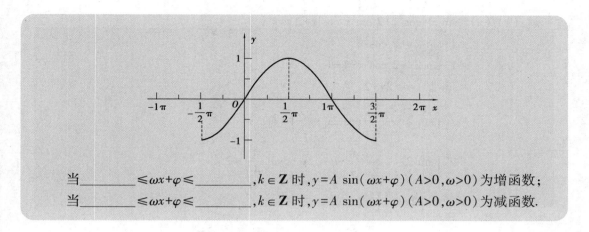

当_____$\leq \omega x+\varphi \leq$_____，$k \in \mathbf{Z}$ 时，$y=A \sin(\omega x+\varphi)(A>0,\omega>0)$ 为增函数；

当_____$\leq \omega x+\varphi \leq$_____，$k \in \mathbf{Z}$ 时，$y=A \sin(\omega x+\varphi)(A>0,\omega>0)$ 为减函数.

【例2】 已知函数 $f(x)=m(\sin x-\cos x)^2+2 \sin^2 x+2m$ 的图像经过 $P\left(\dfrac{\pi}{2},-1\right)$，（1）求 m 的值；（2）求 $f(x)$ 的最值和最小正周期.

解：（1）把点 $P\left(\dfrac{\pi}{2},-1\right)$ 代入 $f(x)$，得

$$m\left(\sin \dfrac{\pi}{2}-\cos \dfrac{\pi}{2}\right)^2+2 \sin^2 \dfrac{\pi}{2}+2m=-1, m+2+2m=-1 \text{ 解得 } m=-1.$$

（2）由（1）得 $f(x)=-(\sin x-\cos x)^2+2 \sin^2 x-2$

$$=-(\sin^2 x-2 \sin x \cos x+\cos^2 x)-(1-2 \sin^2 x)-1$$

$$=\sin 2x-\cos 2x-2$$

$$=\sqrt{2} \sin\left(2x-\dfrac{\pi}{4}\right)-2.$$

故函数的最大值是 $f(x)_{\max}=\sqrt{2}-2$，最小值是 $f(x)_{\min}=-\sqrt{2}-2$，最小正周期是 $T=\left|\dfrac{2\pi}{2}\right|=\pi.$

【例3】 已知函数 $f(x)=(\sin x-\cos x)^2+a$，（1）求该函数的最小正周期；（2）当 $f(x)=3$ 时，求 a 的取值范围.

解：（1）$f(x)=(\sin x-\cos x)^2+a=\sin^2 x-2 \sin x \cos x+\cos^2 x+a$

$$=-\sin 2x+1+a.$$

所以 $f(x)$ 的最小正周期是 $T=\left|\dfrac{2\pi}{2}\right|=\pi.$

（2）当 $f(x)=3$ 时，有 $-\sin 2x+1+a=3$，所以 $a=2+\sin 2x$，即 $a=\sin 2x+2.$

又因为 $\sin 2x \in [-1,1]$，所以 $\sin 2x+2 \in [1,3]$，

所以 $a \in [1,3].$

【例4】 已知函数 $f(x)=\sin^2 x+2 \sin x \cos x+3 \cos^2 x$，（1）求 $f(x)$ 的最大值及最小正周期；（2）求 $f(x)$ 的单调递减区间.

解:(1)$f(x)=\sin^2 x+\cos^2 x+2\sin x\cos x+2\cos^2 x$

$$=1+\sin 2x+2\cos^2 x$$

$$=1+\sin 2x+2\cos^2 x-1+1$$

$$=\sin 2x+\cos 2x+2$$

$$=\sqrt{2}\left(\sin 2x\cdot\frac{\sqrt{2}}{2}+\cos 2x\cdot\frac{\sqrt{2}}{2}\right)+2$$

$$=\sqrt{2}\left(\sin 2x\cdot\cos\frac{\pi}{4}+\cos 2x\cdot\sin\frac{\pi}{4}\right)+2$$

$$=\sqrt{2}\sin\left(2x+\frac{\pi}{4}\right)+2$$

所以 $f(x)$ 的最大值是 $\sqrt{2}+2$,最小正周期是 $T=\left|\dfrac{2\pi}{2}\right|=\pi$.

(2)当 $2k\pi+\dfrac{\pi}{2}\leqslant 2x+\dfrac{\pi}{4}\leqslant\dfrac{3\pi}{2}+2k\pi,k\in\mathbf{Z}$ 时,$f(x)$ 是减函数.

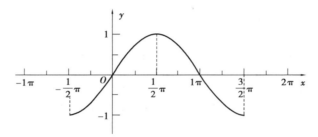

$$2k\pi+\frac{\pi}{2}-\frac{\pi}{4}\leqslant 2x\leqslant\frac{3\pi}{2}-\frac{\pi}{4}+2k\pi$$

$$2k\pi+\frac{\pi}{4}\leqslant 2x\leqslant\frac{5\pi}{4}+2k\pi$$

$$k\pi+\frac{\pi}{8}\leqslant x\leqslant\frac{5\pi}{8}+k\pi$$

所以 $f(x)$ 的单调递减区间是 $\left[k\pi+\dfrac{\pi}{8},k\pi+\dfrac{5\pi}{8}\right],k\in\mathbf{Z}$.

【**例5**】 已知函数 $f(x)=2\sqrt{3}\sin x\cos x-2\cos^2 x-1$,(1)求 $f\left(-\dfrac{\pi}{6}\right)$ 的值;(2)求 $f(x)$ 在区间 $\left[0,\dfrac{\pi}{2}\right]$ 上的最小值和最大值.

解:(1)$f(x)=2\sqrt{3}\sin\left(-\dfrac{\pi}{6}\right)\cos\left(-\dfrac{\pi}{6}\right)-2\cos^2\left(-\dfrac{\pi}{6}\right)-1$

$$=2\sqrt{3}\times\left(-\frac{1}{2}\right)\times\frac{\sqrt{3}}{2}-2\times\left(\frac{\sqrt{3}}{2}\right)^2-1$$

$$= -\frac{3}{2} - \frac{3}{2} - 1 = -4$$

$(2)f(x) = 2\sqrt{3} \sin x \cos x - 2 \cos^2 x - 1$

$$= \sqrt{3} \sin 2x - (2 \cos^2 x - 1) - 2$$

$$= \sqrt{3} \sin 2x - \cos 2x - 2$$

$$= 2\left(\sin 2x \cdot \frac{\sqrt{3}}{2} - \cos 2x \cdot \frac{1}{2} \right) - 2$$

$$= 2\left(\sin 2x \cdot \cos \frac{\pi}{6} - \cos 2x \cdot \sin \frac{\pi}{6} \right) - 2$$

$$= 2 \sin\left(2x - \frac{\pi}{6} \right) - 2$$

因为 $x \in \left[0, \frac{\pi}{2} \right]$,所以 $2x - \frac{\pi}{6} \in \left[-\frac{\pi}{6}, \frac{5\pi}{6} \right]$,如图所示.

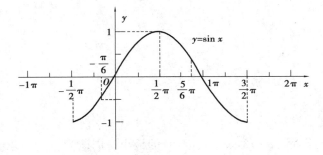

所以当 $2x - \frac{\pi}{6} = -\frac{\pi}{6}$ 时,$f(x)_{\min} = 2 \sin\left(-\frac{\pi}{6} \right) - 2 = 2 \times \left(-\frac{1}{2} \right) - 2 = -3$,

当 $2x - \frac{\pi}{6} = \frac{\pi}{2}$ 时,$f(x)_{\max} = 2 \sin \frac{\pi}{2} - 2 = 2 \times 1 - 2 = 0$.

【挑战过关】

1.已知函数 $f(x) = \sin^2 x + \sqrt{3} \sin x \cos x + m$,(1)若 $f(x)$ 的最大值为 2,求 m 的值;(2)求 $f(x)$ 的单调递减区间.

2.已知函数 $f(x) = 2\sin\left(x+\dfrac{\pi}{6}\right)\cos\left(x+\dfrac{\pi}{6}\right) - \cos\left(2x+\dfrac{\pi}{3}\right)$,(1)求 $f(x)$ 的最大值及最小正周期;(2)求 $f(x)$ 的单调递增区间.

3.已知函数 $f(x) = 4\cos x \sin\left(x+\dfrac{\pi}{6}\right) - 1$,(1)求 $f\left(\dfrac{\pi}{8}\right)$ 的值;(2)求 $f(x)$ 在区间 $\left[-\dfrac{\pi}{6},\dfrac{\pi}{4}\right]$ 上的最大值和最小值.

4.已知函数 $f(x) = \sin\omega x - \sqrt{3}\cos\omega x(\omega>0)$ 的最小正周期为 $\dfrac{\pi}{2}$,(1)求 $f(x)$ 的最大值及 ω 的值;(2)求 $f(x)$ 的单调递减区间.

5.设函数 $f(x) = \sin\left(\omega x - \dfrac{\pi}{3}\right) + \cos\left(\omega x - \dfrac{\pi}{3}\right)(\omega>0)$ 的最小正周期为 3π,(1)求 ω 的值;(2)求 $f(x)$ 的最大值以及 $f(x)$ 取得最大值时 x 的取值范围.

6.已知函数 $f(x) = 2\sqrt{3}\sin x \cos x - 2\sin^2 x + 1$,(1)求 $f(x)$ 的最小正周期;(2)若 $x \in \left[\dfrac{\pi}{3}, \dfrac{5\pi}{6}\right]$,求 $f(x)$ 的最大值.

7.已知函数 $f(x) = (\sin x + \cos x)^2 - 2\cos^2 x$,(1)求 $f(x)$ 的最值与最小正周期;(2)若 $\pi \leqslant x \leqslant \dfrac{3\pi}{2}$,且 $f(x) = -1$,求 x 的值.

8.已知函数 $f(x) = 2\sin(2x + \varphi) + m$,角 $\varphi\left(0 < \varphi < \dfrac{\pi}{2}\right)$ 的终边经过点 $(1, \sqrt{3})$,且 $f\left(\dfrac{\pi}{12}\right) = 3$,(1)求 m 的值;(2)若 $f(\alpha) = 1$,求 α 的值.

三、解三角形

🔹 主要知识点

直角三角形的边角关系;任意三角形的边角关系;特殊角的三角函数值.

🔹 重要概念、公式

(1)直角三角形边角关系:

如图所示,在直角 $\triangle ABC$ 中,a,b,c 分别是 $\angle A,\angle B,\angle C$ 的对边.

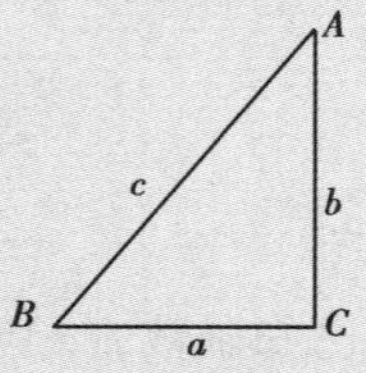

勾股定理:$c^2 = $ _____.

边角关系:$\sin B = \cos A = $ _____,$\cos B = \sin A = $ _____,

$\tan B = \cot A = $ _____.

(2)任意三角形边角关系:

如图所示,在 $\triangle ABC$ 中,a,b,c 分别是 $\angle A,\angle B,\angle C$ 的对边.

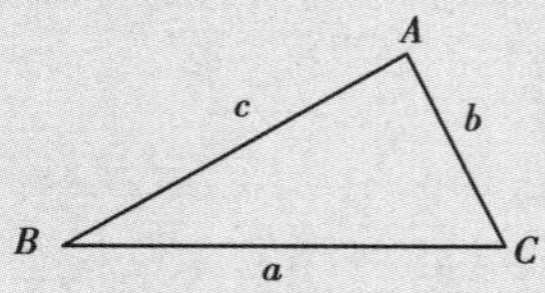

①正弦定理:$\dfrac{a}{\sin A} = $ _____ $=$ _____.

②余弦定理:$a^2 = $ _____,$b^2 = $ _____,$c^2 = $ _____,

$\cos A = $ _____,$\cos B = $ _____,$\cos C = $ _____.

③面积公式:$S_\triangle = \dfrac{1}{2}$ 底×高;$S_\triangle = \dfrac{1}{2}bc\sin A = $ _____ $=$ _____.

(3)特殊角的三角函数值:

$\sin\dfrac{\pi}{6} = $ _____,$\sin\dfrac{5\pi}{6} = $ _____,$\sin\dfrac{\pi}{3} = $ _____,$\sin\dfrac{2\pi}{3} = $ _____,

$\sin\dfrac{\pi}{4} = $ _____,$\sin\dfrac{3\pi}{4} = $ _____,$\cos\dfrac{\pi}{3} = $ _____,$\cos\dfrac{2\pi}{3} = $ _____,

$\tan\dfrac{\pi}{4} = $ _____,$\tan\dfrac{\pi}{6} = $ _____,$\tan\dfrac{\pi}{3} = $ _____.

【例6】 在 $\triangle ABC$ 中,$\cos B = -\dfrac{4}{5}$,$\cos C = \dfrac{12}{13}$,(1)求 $\sin A$ 的值;(2)若 $BC=8$,求边 AB 的长.

解:(1)由题得 $\sin B = \sqrt{1-\cos^2 B} = \dfrac{3}{5}$,$\sin C = \sqrt{1-\cos^2 C} = \dfrac{5}{13}$,

因此 $\sin A = \sin[\pi-(B+C)] = \sin(B+C) = \sin B\cos C + \cos B\sin C$

$= \dfrac{3}{5}\times\dfrac{12}{13} + \left(-\dfrac{4}{5}\right)\times\dfrac{5}{13} = \dfrac{36}{65} - \dfrac{20}{65} = \dfrac{16}{65}$.

（2）根据正弦定理，$\dfrac{BC}{\sin A}=\dfrac{AB}{\sin C}$，得 $AB=\dfrac{BC\cdot\sin C}{\sin A}=\dfrac{8\times\dfrac{5}{13}}{\dfrac{16}{65}}=\dfrac{25}{2}$.

【例7】 已知在 $\triangle ABC$ 中，$AB=6$，$BC=8$，$\angle A$ 是锐角，且 $\cos A$ 是一元二次方程 $4x^2+3x-1=0$ 的一个根，求 $\triangle ABC$ 的面积.

解：由 $4x^2+3x-1=0$ 得 $(4x-1)(x+1)=0$，

解得 $x_1=\dfrac{1}{4}$ 或 $x_2=-1$.

因为 $\angle A$ 是锐角，所以 $\cos A=\dfrac{1}{4}$.

又由 $a^2=b^2+c^2-2bc\cos A$，得

$8^2=b^2+6^2-2b\times6\times\dfrac{1}{4}$，即 $b^2-3b-28=0$，

解得 $b=7$ 或 $b=-4$（舍去），

所以 $AC=7$.

又因为 $\sin A=\sqrt{1-\cos^2 A}=\sqrt{\dfrac{15}{16}}=\dfrac{\sqrt{15}}{4}$，

所以 $S_{\triangle ABC}=\dfrac{1}{2}bc\sin A=\dfrac{1}{2}\times7\times6\times\dfrac{\sqrt{15}}{4}=\dfrac{21\sqrt{15}}{4}$.

【挑战过关】

1.如图所示，小李在河边步道（直线型）散步，他在 A 点看到河对岸有座地标建筑 B，当他由 A 往 C 方向步行 $1\,000$ m 到达 D 点后，发现 $\angle BDC$ 比 $\angle BAC$ 大 $45°$，且 $\tan\alpha=\dfrac{1}{3}$，求该地标建筑 B 到直线 CA 的距离 BC 的长度.

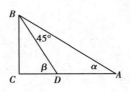

2.要测量一个湖两侧 A，B 两点间的距离，选择适当位置 C，用仪器测得 $\angle ACB$ 为钝角，且 $\sin\angle ACB=0.8$，$AC=500$ m，$BC=400$ m，则 A，B 两点间的距离为多少米？

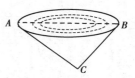

3.已知在锐角△ABC 中，$AB=BC=5$，$\sin A=\dfrac{\sqrt{5}}{5}$，(1)求 $\sin B$ 的值;(2)求边 AC 的长.

4.已知锐角△ABC 的面积为 $5\sqrt{3}$，$AB=5$，$AC=4$，(1)求 A 的度数;(2)求边 BC 的长.

5.已知在△ABC 中，$AB=2$ cm，$AC=\sqrt{2}$ cm，且∠$C=45°$，∠B 为锐角，(1)求∠B 和∠A 的度数;(2)求△ABC 的面积.

6.已知在△ABC 中，$AB=6$，∠$C=60°$，$\cos B=\dfrac{2\sqrt{2}}{3}$，(1)求边 AC 的长;(2)求 $\sin A$ 的值.

7.在$\triangle ABC$中,设三内角A,B,C所对的边依次为a,b,c,且钝角A的余弦值是方程$6x^2+x-1=0$的根,若$b+c=11$,$\triangle ABC$的面积为$\frac{25\sqrt{3}}{4}$,(1)求$\angle A$的度数;(2)求边BC的长.

8.已知在$\triangle ABC$中,$\sin A = \sin B \cos C$,(1)求B的度数;(2)若$AB=8$,$BC=4$,M为AB边的中点,求$\cos \angle ACM$的值.

9.在锐角$\triangle ABC$中,$\angle B = 60°$,$\cos A$是方程$5x^2-13x+6=0$的根,(1)求$\cos C$的值;(2)若$BC=20$,求边AC的长.

四、三角函数的计算

🔖 **主要知识点**

　　三角函数的定义;特殊角的三角函数值;同角的三角函数基本关系;诱导公式;两角和与差的公式、二倍角公式.

🔖 **重要概念、公式**

　　(1)若角 α 的终边经过点 $P(x,y)$，则 $r=$ _____ ，$\sin \alpha=$ _____ ，$\cos \alpha=$ _____ .

　　(2)$\sin \alpha \cos \beta+\cos \alpha \sin \beta=$ _____ ，$\cos \alpha \cos \beta-\sin \alpha \sin \beta=$ _____ ，

$2 \sin \alpha \cos \alpha=$ _____ ，$2 \cos^2 \alpha-1=$ _____ ，$\tan 2\alpha=$ _____ ，

$\dfrac{\sin \alpha}{\cos \alpha}=$ _____ ，$\cos^2 \alpha+\sin^2 \alpha=$ _____ ，$\cos^2 \alpha-\sin^2 \alpha=$ _____ .

📋 **【牛刀小试】**

　　已知 $\cos \alpha=\dfrac{1}{3}$，且 $\alpha \in \left(\dfrac{3\pi}{2},2\pi\right)$，求 $\sin 2\alpha$ 的值.

　　【例8】 已知角 α 的终边经过点 $P(-3,4)$，(1)求 $\sin\left(2\alpha+\dfrac{\pi}{6}\right)$ 的值;(2)若 $\cos \beta=-\dfrac{5}{13}$，$\beta \in \left(\pi,\dfrac{3}{2}\pi\right)$，求 $\tan(\alpha-\beta)$ 的值.

　　解:(1)由题意得 $r=\sqrt{(-3)^2+4^2}=5$，

　　　　所以 $\sin \alpha=\dfrac{4}{5}$，$\cos \alpha=-\dfrac{3}{5}$.

　　　　又因为 $\sin 2\alpha=2 \sin \alpha \cos \alpha=-\dfrac{24}{25}$，

　　　　　　$\cos 2\alpha=\cos^2 \alpha-\sin^2 \alpha=\dfrac{9}{25}-\dfrac{16}{25}=-\dfrac{7}{25}$，

所以 $\sin\left(2\alpha+\dfrac{\pi}{6}\right)=\sin 2\alpha\cos\dfrac{\pi}{6}+\cos 2\alpha\sin\dfrac{\pi}{6}$

$$=-\dfrac{24}{25}\times\dfrac{\sqrt{3}}{2}+\left(-\dfrac{7}{25}\right)\times\dfrac{1}{2}=-\dfrac{24\sqrt{3}+7}{50}.$$

(2)$\tan\alpha=-\dfrac{4}{3}$,又因为 $\cos\beta=-\dfrac{5}{13}$,$\beta\in\left(\pi,\dfrac{3}{2}\pi\right)$,

所以 $\sin\beta=-\dfrac{12}{13}$,$\tan\beta=\dfrac{12}{5}$.

所以 $\tan(\alpha-\beta)=\dfrac{\tan\alpha-\tan\beta}{1+\tan\alpha\tan\beta}=\dfrac{-\dfrac{4}{3}-\dfrac{12}{5}}{1+\left(-\dfrac{4}{3}\right)\times\dfrac{12}{5}}=\dfrac{56}{33}.$

【例9】 已知函数 $f(x)=\cos(2x-\varphi)$ $\left(0<\varphi<\dfrac{\pi}{2}\right)$,(1)求 $f(x)$ 的最小正周期;(2)若 $\cos\varphi=\dfrac{3}{5}$,求 $f\left(\dfrac{\pi}{3}\right)$ 的值.

解:(1)由条件知 $T=\dfrac{2\pi}{2}=\pi$,故 $f(x)$ 的最小正周期为 π.

(2)因为 $0<\varphi<\dfrac{\pi}{2}$,

所以 $\sin\varphi=\sqrt{1-\cos^2\varphi}=\dfrac{4}{5}$.

$f\left(\dfrac{\pi}{3}\right)=\cos\left(2\times\dfrac{\pi}{3}-\varphi\right)=\cos\left(\dfrac{2\pi}{3}-\varphi\right)=\cos\dfrac{2\pi}{3}\cos\varphi+\sin\dfrac{2\pi}{3}\sin\varphi$

$$=\left(-\dfrac{1}{2}\right)\times\dfrac{3}{5}+\dfrac{\sqrt{3}}{2}\times\dfrac{4}{5}=\dfrac{-3+4\sqrt{3}}{10},$$

即 $f\left(\dfrac{\pi}{3}\right)=\dfrac{4\sqrt{3}-3}{10}.$

🌐【挑战过关】

1.已知 $\cos\alpha=-\dfrac{1}{3}$,且 $\alpha\in\left(\dfrac{\pi}{2},\pi\right)$,(1)求 $\sin\alpha$ 的值;(2)求 $\tan 2\alpha$ 的值.

2.已知角 α 的终边上有一点 $P(4,-3)$,(1)求 $\sin 2\alpha + \cos 2\alpha$ 的值;(2)求 $\cos\left(\dfrac{\pi}{3}-\alpha\right)$ 的值;(3)求 $\tan\left(\dfrac{\pi}{4}+\alpha\right)$ 的值.

3.已知 α,β 都是锐角,$\cos(\alpha+\beta)=\dfrac{3}{5}$,$\sin(\alpha-\beta)=-\dfrac{12}{13}$,(1)求 $\sin 2\alpha$;(2)求 $\cos 2\beta$;(3)求 $\tan 2\alpha$.

4.已知函数 $f(x)=\sin(2x+\varphi)\left(0<\varphi<\dfrac{\pi}{2}\right)$,(1)求 $f(x)$ 的最小正周期;(2)若 $\cos\varphi=\dfrac{5}{13}$,求 $f\left(\dfrac{\pi}{12}\right)$ 的值.

5.已知函数 $f(x)=A\sin\left(x+\dfrac{\pi}{4}\right)$,$x\in\mathbf{R}$,且 $f\left(\dfrac{5\pi}{12}\right)=\dfrac{\sqrt{3}}{2}$,(1)求 A 的值;(2)若 $f(\theta)+f(-\theta)=\dfrac{2}{3}$,$\theta\in\left(0,\dfrac{\pi}{2}\right)$,求 $\sin(3\pi-\theta)$ 的值.

6.已知函数 $f(x)=11+4\sin x+\cos 2x$,(1)当 x 为何值时,$f(x)$ 有最大值,最大值是多少?(2)当 x 为何值时,$f(x)$ 有最小值,最小值是多少?

五、证明三角函数恒等式或化简求值

➤ 主要知识点

和差角、二倍角公式;诱导公式;同角三角函数的基本关系式等.

➤ 重要概念、公式

(1)$\sin(\alpha\pm\beta)=$ _____,

$\cos(\alpha\pm\beta)=$ _____,

$\tan(\alpha\pm\beta)=$ _____.

(2)$\sin 2\alpha=$ _____,$\cos 2\alpha=\cos^2\alpha-$ _____,$\cos 2\alpha=2\cos^2\alpha-$ _____,

$\cos 2\alpha=1-$ _____,$\tan 2\alpha=$ _____.

【**例 10**】　求证:当 $\alpha\neq 2k\pi\pm\dfrac{\pi}{3}(k\in\mathbf{Z})$ 时,$\dfrac{\sin 2\alpha-\sin\alpha}{\cos 2\alpha-\cos\alpha+1}=\tan\alpha$.

证明:左边 $=\dfrac{2\sin\alpha\cos\alpha-\sin\alpha}{2\cos^2\alpha-1-\cos\alpha+1}=\dfrac{2\sin\alpha\cos\alpha-\sin\alpha}{2\cos^2\alpha-\cos\alpha}$

$=\dfrac{\sin\alpha(2\cos\alpha-1)}{\cos\alpha(2\cos\alpha-1)}=\dfrac{\sin\alpha}{\cos\alpha}=\tan\alpha$,

所以左边=右边,

故原等式成立.

🔍 **温馨提示**:在证明三角恒等式时,一般情况下都是采用由繁化简的方向化简证明(也可用作差法或比值法证明);非正余弦的三角函数均可用正弦或余弦函数表示;不同角的三角函数利用二倍角公式转化为同角的三角函数;存在公因式的代数式需提取公因式,便于约分.

【例11】 已知函数 $f(x) = \dfrac{2\cos\dfrac{\pi}{3}+\sin x}{\tan\dfrac{5}{4}\pi-\cos x}$,(1)求 $f(x)$ 的定义域;(2)若 $\tan\alpha = 5$,求 $f(2\alpha)$

的值.

解:(1)因为 $f(x) = \dfrac{2\times\dfrac{1}{2}+\sin x}{1-\cos x} = \dfrac{1+\sin x}{1-\cos x}$,

所以要使原函数有意义,必须满足 $1-\cos x \neq 0$, $\cos x \neq 1$,则 $x \neq 2k\pi$, $k \in \mathbf{Z}$,

故函数 $f(x)$ 的定义域是 $\{x \mid x \neq 2k\pi, k \in \mathbf{Z}\}$.

(2)因为 $f(x) = \dfrac{1+\sin x}{1-\cos x}$,所以 $f(2\alpha) = \dfrac{1+\sin 2\alpha}{1-\cos 2\alpha}$

则 $f(2\alpha) = \dfrac{1+2\sin\alpha\cos\alpha}{1-(1-2\sin^2\alpha)} = \dfrac{(\sin\alpha+\cos\alpha)^2}{2\sin^2\alpha} = \dfrac{1}{2}\times\left(\dfrac{\sin\alpha+\cos\alpha}{\sin\alpha}\right)^2$

$= \dfrac{1}{2}\times\left(\dfrac{\tan\alpha+1}{\tan\alpha}\right)^2 = \dfrac{1}{2}\times\dfrac{36}{25} = \dfrac{18}{25}$.

【挑战过关】

1.证明三角恒等式: $\dfrac{1+\sin 2\alpha+\cos 2\alpha}{\cos\alpha+\sin\alpha} = 2\cos\alpha$.

2.求证 $\dfrac{\cos 2\alpha+\sin(-\alpha)-1}{\sin 2\alpha+\cos(-\alpha)} = -\tan\alpha$.

3.已知 $\sin\alpha = 2\cos\alpha$,求证 $3\sin\alpha\cos\alpha+\cos 2\alpha+3\sin^2\alpha = 3$.

4.已知函数 $f(x) = \dfrac{\sin 2x - \cos 2x + 2\sin\dfrac{\pi}{6}}{\sin x + \sin\left(\dfrac{\pi}{2} - x\right)} + \sin(-x)$.

（1）化简 $f(x)$；

（2）若 $\cos\alpha = \dfrac{1}{3}$，且 $\alpha \in \left(-\dfrac{\pi}{2}, 0\right)$，求 $f\left(\dfrac{\pi}{3} - \alpha\right)$ 的值.

5.已知函数 $f(x) = \dfrac{\sin 2x + \cos 2x - 1}{1 - \tan x}$.

（1）求 $f(x)$ 的定义域；

（2）若 $\tan\alpha = \dfrac{1}{2}$，且 $\alpha \in \left(\pi, \dfrac{3}{2}\pi\right)$，求 $f(\alpha)$ 的值.

第五单元　平面解析几何

◆ 主要题型分布思维导图 ◆

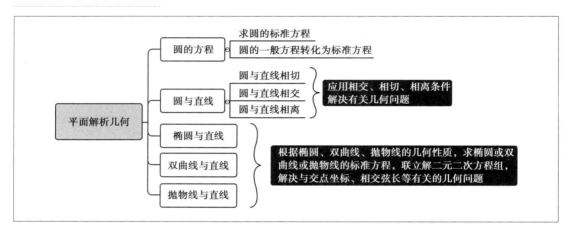

一、直线部分

🔖 主要知识点

　　直线的方程;中点、两点间的距离以及点到直线的距离公式;两条直线平行、垂直的充要条件;直线相交时交点的求法.

🔖 重要概念、公式

　　(1)直线斜率和方程:

　　①若直线的倾斜角是 α,则直线的斜率是_____,若直线经过点 $A(x_1,y_1)$, $B(x_2,y_2)$,则直线的斜率是_____.

　　②若直线经过点 $P(x_0,y_0)$,且斜率为 k,则直线方程可表示为_____.

　　③若直线的斜率为 k,且在 y 轴上的截距为 b,则直线方程可表示为_____.

　　(2)中点坐标、两点间的距离以及点到直线的距离公式:

　　①已知点 $A(x_1,y_1)$,$B(x_2,y_2)$,则 AB 的中点 M 的坐标是_____,A,B 两点间的距离是_____.

　　②点 $P(x_0,y_0)$ 到直线 $Ax+By+C=0$ 的距离是_____.

（3）两条直线平行或垂直：

①若 $l//m$，则直线 l 的斜率与直线 m 的斜率_____；若 $l\perp m$，则直线 l 的斜率与直线 m 的斜率_____；

②直线 m 的方程是 $Ax+By+C=0$，若 $l//m$，则直线 l 的方程可表示为_____；若 $l\perp m$，则直线 l 的方程可表示为_____.

【例1】 已知平面内 $A(-1,5)$，$B(1,-3)$，$C(-5,4)$，（1）求 AB 的直线方程；（2）求 $\triangle ABC$ 的面积.

解：（1）AB 的直线方程由两点式得 $4x+y-1=0$.

（2）$|AB|=\sqrt{(-1-1)^2+(5+3)^2}=2\sqrt{17}$，$\triangle ABC$ 中 AB 边上的高即为点 C 到 AB 的距离，即

$$h=d=\frac{|4\times(-5)+4-1|}{\sqrt{4^2+1^2}}=\frac{17}{\sqrt{17}}=\sqrt{17}，$$

所以 $S_{\triangle ABC}=\dfrac{1}{2}\times 2\sqrt{17}\times\sqrt{17}=17$.

🌐 **【挑战过关】**

1.已知直线 l 经过点 $A(-3,2)$，$B(1,4)$，（1）求 AB 的中点 M 的坐标以及 $|AB|$；（2）求直线 l 的垂直平分线方程.

2.已知直线 l 经过点 $A(-2,1)$，$B(1,3)$，（1）求直线 l 的斜率；（2）求直线 l 的方程；（3）求直线与两坐标轴围成的三角形的面积.

3.已知直线 $l_1:x-y+1=0$ 和 $l_2:2x+y+2=0$ 相交于点 P,(1)求点 P 的坐标;(2)求经过点 P,且与直线 $3x-4y+5=0$ 平行的直线方程.

4.已知一条直线过点 $P(2,3)$ 且其倾斜角比直线 $2x-y-3=0$ 的倾斜角小 $45°$,求这条直线的方程.

5.已知一条直线过点 $P(2,3)$ 且其倾斜角是直线 $x-2y-3=0$ 的倾斜角的 2 倍,求这条直线的方程.

6.求斜率为 2,原点到它的距离是 $3\sqrt{5}$ 的直线方程.

7.求与直线 $3x+4y+12=0$ 平行且与坐标轴围成的三角形的面积为 24 的直线方程.

8.已知 $A(-2,1)$,$B(4,3)$,M 为 AB 的中点,直线 l 的倾斜角为 $135°$,直线 l 在 y 轴上的截距为 b ,若点 M 到直线 l 的距离不超过 $3\sqrt{2}$,(1)求 M 的坐标和直线 l 的斜率;(2)求 b 的取值范围.

二、圆的方程、圆与直线部分

主要知识点

　　圆的方程;圆与直线的位置关系;解决圆的切线方程、弦长等问题.

重要概念、公式

　　圆的方程:

　　①圆的标准方程是＿＿＿＿＿＿＿＿＿＿＿,其中圆心是＿＿＿＿＿＿,半径是＿＿＿＿.

　　②圆的一般方程是 $x^2+y^2+Dx+Ey+F=0$.

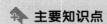 【牛刀小试】

　　根据下列圆的方程求圆的圆心和半径.

　　(1) $x^2+y^2-4x+1=0$;(2) $x^2+y^2+6x-2y-3=0$.

（2）圆与直线的位置关系：

d 表示圆的圆心到_____的距离.

位置关系	图形	d 与 r 的关系	圆与直线的交点个数
相交		d _____ r	有_____个公共点
相切		d _____ r	有_____个公共点
相离		d _____ r	有_____个公共点

【例2】 设点 A,B 的坐标分别为 $(3,-4),(1,-2)$,（1）求线段 AB 的垂直平分线方程；（2）求过 A,B 两点且半径为 $2\sqrt{13}$ 的圆的方程.

解：（1）由题意得线段 AB 的中点坐标为 $(2,-3)$ ，直线 AB 的斜率为 $\dfrac{-4+2}{3-1}=-1$ ，从而线段 AB 的垂直平分线的斜率为 $-\dfrac{1}{-1}=1$.

故线段 AB 的垂直平分线方程为 $y+3=x-2$ ，即 $y=x-5$.

（2）设圆心 C 的坐标为 (a,b) ，则 C 在线段 AB 的垂直平分线上，且 $|AC|=2\sqrt{13}$ ，

从而 $\begin{cases} b=a-5 \\ (3-a)^2+(-4-b)^2=52 \end{cases}$ 解得 $\begin{cases} a=7 \\ b=2 \end{cases}$ 或 $\begin{cases} a=-3 \\ b=-8 \end{cases}$.

故所求圆的方程为 $(x-7)^2+(y-2)^2=52$ 或 $(x+3)^2+(y+8)^2=52$.

【例3】 已知以 $C(1,-2)$ 为圆心的圆经过点 $A(-3,1)$ ，（1）求该圆的标准方程；（2）求该圆经过点 $P(-4,1)$ 的切线方程.

解：（1）圆的半径 $r=\sqrt{(1+3)^2+(-2-1)^2}=5$,

圆的方程为 $(x-1)^2+(y+2)^2=25$.

（2）因为点 $P(-4,1)$ 在圆 C 外，所以经过点 $P(-4,1)$ 的切线有两条，若切线的斜率存在，设所求圆的切线的斜率为 k ，切线方程可表示为 $y-1=k(x+4)$ ，即 $kx-y+1+4k=0$.

圆心 C 到切线的距离为 $d=\dfrac{|k\times 1-(-2)+1+4k|}{\sqrt{k^2+(-1)^2}}=\dfrac{|3+5k|}{\sqrt{k^2+1}}$,

由于直线与圆相切,所以 $d=r$,则有 $\dfrac{|3+5k|}{\sqrt{k^2+1}}=5$,

解得 $k=\dfrac{8}{15}$,切线方程为 $8x-15y+47=0$.

又当斜率不存在时,直线也符合题意 $x+4=0$,

故所求切线方程是 $8x-15y+47=0$ 或 $x+4=0$.

【例4】 已知圆 C 经过点 $P(3,2)$,$Q(-1,2)$,且圆心在直线 $x-y+1=0$ 上,(1)求圆 C 的标准方程;(2)若直线 $ax-y+4=0$ 与圆 C 相切,求 a 的值;(3)若直线 $ax-y+4=0$ 与圆 C 相交于 A,B 两点,且弦 AB 的长为 $2\sqrt{3}$,求 a 的值.

解: (1)设圆 C 的圆心为 (a,b),则 $(x-a)^2+(y-b)^2=r^2$,所以

$$\begin{cases}(3-a)^2+(2-b)^2=r^2\\(-1-a)^2+(2-b)^2=r^2\\a-b+1=0\end{cases},\text{解之得}\begin{cases}a=1\\b=2.\\r=2\end{cases}$$

故圆 C 的标准方程是 $(x-1)^2+(y-2)^2=4$.

(2)由题意得 $d=r$,则

$\dfrac{|a\times1-2+4|}{\sqrt{a^2+(-1)^2}}=2$,解之得 $a=\dfrac{4}{3}$ 或 $a=0$.

(3)由题意得 $d=\sqrt{r^2-\left(\dfrac{1}{2}AB\right)^2}=\sqrt{4-3}=1$,则

$\dfrac{|a\times1-2+4|}{\sqrt{a^2+(-1)^2}}=1$,解之得 $a=-\dfrac{3}{4}$.

【挑战过关】

1.已知某圆经过 $(0,0)$,$(2,0)$,$(1,1)$,(1)求该圆的方程;(2)求该圆的圆心和半径.

2.已知直线 l 的倾斜角为 $45°$,且经过点 $P(2,1)$,圆 C 的方程是 $x^2+y^2=13$,(1)求直线 l 的方程;(2)若直线 l 与圆 C 相交于 A,B 两点,求 $|AB|$.

3.已知点 C 是圆 $x^2+y^2-8x-2y+12=0$ 的圆心,点 $P(3,0)$ 是圆内一定点,(1)求直线 CP 的直线方程;(2)求经过点 P 且与直线 CP 垂直的直线方程.

4.已知圆心为 $(1,0)$ 的圆经过一点 $\left(\dfrac{1}{2},\dfrac{\sqrt{3}}{2}\right)$,(1)求该圆的标准方程;(2)若直线 $(1+a)x+y+1=0$ 与该圆相切,求 a 的值.

5.已知圆 C 的方程为 $x^2+y^2+2x-4y+1=0$,直线 $l:2x-y-1=0$,(1)求圆 C 的圆心坐标和半径;(2)判断直线 l 与圆 C 的位置关系;(3)若直线 $x+2y+m=0$ 与圆 C 相交,求 m 的取值范围.

6.求经过点 $P(1,2)$,且与圆 $x^2+y^2=16$ 相交,截得弦长为 $4\sqrt{3}$ 的直线方程.

7.已知圆 C 的圆心坐标为 $(4,-2)$,直线 $l:2x+y-1=0$ 与该圆相交,弦 AB 的长为 4,求圆的方程.

8.设圆 C 的圆心为椭圆 $\dfrac{x^2}{16}+\dfrac{y^2}{9}=1$ 的右焦点,其半径为 3,(1)求圆 C 的方程;(2)设直线 $y=x+\lambda$ 与圆 C 有两个不同交点,求 λ 的取值范围.

三、二次曲线与直线

> 🔖 **主要知识点**
>
> 椭圆、双曲线、抛物线的标准方程和几何性质;直线与二次曲线相交联立解二元二次方程组.

> 🔖 **重要概念、公式**
>
> (1)一元二次方程 $ax^2+bx+c=0(a\neq0)$:
>
> ①方程的根的情况,判别式 $\Delta=b^2-4ac$.
>
> 当 $\Delta>0$ 时,方程有两个不相等的实数根,$x_{1,2}=\dfrac{-b\pm\sqrt{\Delta}}{2a}$;
>
> 当 $\Delta=0$ 时,方程有两个相等的实数根,$x_1=x_2=-\dfrac{b}{2a}$;
>
> 当 $\Delta<0$ 时,方程没有实数根.
>
> ②根与系数的关系(韦达定理):
>
> 当 $\Delta\geq0$ 时,$x_1+x_2=-\dfrac{b}{a}$,$x_1\cdot x_2=\dfrac{c}{a}$.

（2）二元二次方程组的解法（代入消元法）：

解方程组 $\begin{cases} \dfrac{x^2}{3} + \dfrac{y^2}{2} = 1 & ① \\ x - y + 2 = 0 & ② \end{cases}$

解：由②得 $y = x + 2$ ③

代③入①得 $\dfrac{x^2}{3} + \dfrac{(x+2)^2}{2} = 1$，去分母得 $2x^2 + 3(x+2)^2 = 6$

化简得 $5x^2 + 12x + 6 = 0$ ④

解之得 $x_{1,2} = \dfrac{-6 \pm \sqrt{6}}{5}$

解得 $\begin{cases} x_1 = \dfrac{-6+\sqrt{6}}{5} \\ y_1 = \dfrac{4+\sqrt{6}}{5} \end{cases}$，$\begin{cases} x_2 = \dfrac{-6-\sqrt{6}}{5} \\ y_2 = \dfrac{4-\sqrt{6}}{5} \end{cases}$

🔍 **温馨提示**：方程①是椭圆的标准方程，方程②是直线的方程.

（1）方程组有两组解，说明直线与椭圆有两个交点，假设交点是 A，B，可以利用两点间的距离公式求 $|AB|$.

（2）计算 $|AB|$ 时，可不求出方程组的解，而是运用韦达定理进行计算，因为
$$(x_1 - x_2)^2 = (x_1 + x_2)^2 - 4x_1 \cdot x_2, \quad (y_1 - y_2)^2 = (y_1 + y_2)^2 - 4y_1 \cdot y_2.$$

（3）计算 $|AB|$ 时，也可用下面的公式计算
$$|AB| = \sqrt{1+k^2} \cdot \sqrt{(x_1 + x_2)^2 - 4x_1 x_2} \quad (k \text{ 为直线的斜率}).$$

（4）形如消元后的方程④，可以用判别 Δ 来解决有关直线与二次曲线的交点问题.

📖 **【牛刀小试】**

如果直线 $x - y - 3 = 0$ 与抛物线 $y^2 = 4x$ 交于 A，B 两点，求 $|AB|$.

【例5】 已知椭圆 C 的一个焦点是 $F(1,0)$，且离心率为 $\dfrac{\sqrt{2}}{2}$.（1）求椭圆 C 的标准方程；

（2）过椭圆 C 的右焦点且倾斜角为 $60°$ 的直线与椭圆 C 交于 A,B 两点,求线段 AB 的长.

解:（1）由条件知 $c=1$,且椭圆的焦点在 x 轴上,由 $e=\dfrac{c}{a}$ 得 $\dfrac{1}{a}=\dfrac{\sqrt{2}}{2}$,解得 $a=\sqrt{2}$,

由 $b^2=a^2-c^2$ 得 $b=1$,所以椭圆的标准方程是 $\dfrac{x^2}{2}+y^2=1$.

（2）由题意得直线的斜率 $k=\tan 60°=\sqrt{3}$,故直线方程为 $y=\sqrt{3}(x-1)$.

将此直线方程代入椭圆方程,整理得 $7x^2-12x+4=0$.

设 A,B 两点的坐标分别为 (x_A,y_A),(x_B,y_B),

则 $x_A+x_B=\dfrac{12}{7}$,$x_A\cdot x_B=\dfrac{4}{7}$,故 $(x_A-x_B)^2=(x_A+x_B)^2-4x_Ax_B=\dfrac{32}{49}$.

又 $y_A-y_B=\sqrt{3}(x_A-1)-\sqrt{3}(x_B-1)=\sqrt{3}x_A-\sqrt{3}x_B$,因此

$$|AB|=\sqrt{(x_A-x_B)^2+(y_A-y_B)^2}$$
$$=\sqrt{(x_A-x_B)^2+(\sqrt{3}x_A-\sqrt{3}x_B)^2}$$
$$=2|x_A-x_B|=\dfrac{8}{7}\sqrt{2}.$$

【例6】 设椭圆 C 的中心是坐标原点,且焦点在 x 轴上,椭圆经过圆 $x^2+y^2-4x-5=0$ 的圆心,离心率为 $\dfrac{\sqrt{3}}{2}$,（1）求椭圆 C 的标准方程;（2）设直线 $y=x+\lambda$ 与椭圆 C 没有交点,求 λ 的取值范围.

解:（1）由题意知椭圆的焦点在 x 轴上,由 $x^2+y^2-4x-5=0$ 得 $(x-2)^2+y^2=9$,所以椭圆经

过圆的圆心 $(2,0)$,故 $a=2$,因为椭圆的离心率为 $\dfrac{\sqrt{3}}{2}$,则 $e=\dfrac{c}{2}=\dfrac{\sqrt{3}}{2}$,解得 $c=\sqrt{3}$,

所以 $b=\sqrt{a^2-c^2}=\sqrt{2^2-(\sqrt{3})^2}=1$.

故椭圆 C 的方程为 $\dfrac{x^2}{4}+y^2=1$.

（2）将 $y=x+\lambda$ 代入椭圆 C 的方程得 $5x^2+8\lambda x+4\lambda^2-4=0$,直线 $y=x+\lambda$ 与椭圆 C 没有

交点,即方程 $5x^2+8\lambda x+4\lambda^2-4=0$ 没有实数解.

所以 $(8\lambda)^2-4\times5(4\lambda^2-4)<0$,整理得 $\lambda^2>5$.

故 λ 的取值范围为 $(-\infty,-\sqrt{5})\cup(\sqrt{5},+\infty)$.

🌐 **【挑战过关】**

1.解方程组 $\begin{cases} x^2+\dfrac{y^2}{2}=1 \\ x-y+1=0 \end{cases}$.

2.解方程组 $\begin{cases} x^2 - y^2 = 1 \\ x - 2y - 1 = 0 \end{cases}$.

3.已知椭圆的两个焦点 F_1,F_2 在 x 轴上,长轴长为 4,离心率为 $\dfrac{\sqrt{3}}{2}$.

(1)求椭圆的标准方程;

(2)设直线 $y = \dfrac{\sqrt{3}}{2}x + 1$ 与椭圆相交于 A,B 两点,求 $|AB|$.

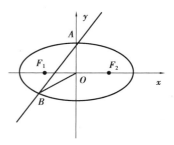

4.已知 F_1,F_2 是双曲线的两个焦点,且 $F_1(-3,0)$,双曲线的离心率是 $\sqrt{3}$.

(1)求双曲线的标准方程;

(2)若经过双曲线的焦点 F_1 且倾斜角是 $45°$ 的直线 l 与双曲线交于 A,B 两点,求 $\triangle F_2AB$ 的面积.

5.已知抛物线的顶点在原点,对称轴为 y 轴,焦点坐标 $F(0,1)$.

(1)求抛物线的标准方程;

(2)若过点 $A(0,m)$,且斜率为 2 的直线与该抛物线没有交点,求 m 的取值范围;

(3)过焦点 F 且与 x 轴平行的直线与抛物线交于 P,Q 两点,求以 F 为圆心,PQ 为直径的圆的方程.

6.已知椭圆 C 的中心在原点,对称轴是坐标轴,且经过 $(-2,0)$,$(0,1)$.

(1)求该椭圆 C 的标准方程和离心率;

(2)若直线 $y=x+m$ 与该椭圆 C 有交点,求 m 的取值范围.

7.已知某椭圆的焦点在 x 轴上,长轴长是 $2\sqrt{3}$,离心率是 $\dfrac{\sqrt{3}}{3}$.

(1)求该椭圆的标准方程;

(2)若 F_1,F_2 分别为椭圆的左、右焦点,求过 F_1 且倾斜角为 $45°$ 的直线 l 的方程;

(3)若直线 l 与椭圆交于 A,B 两点,求 $|AB|$ 的值以及 $\triangle AF_2B$ 的面积.

8.如图所示,F_1,F_2 是椭圆 C 的左、右焦点,且 $AF_1 = 3\sqrt{5}-5$,$AF_2 = 3\sqrt{5}+5$.

(1)求椭圆 C 的标准方程和焦点坐标;

(2)过原点 O 作直线与 C 交于 M,N 两点,若四边形 F_1MF_2N 的面积为 20,求直线 MN 的方程.

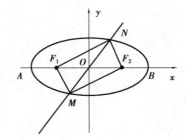

9.已知椭圆 C 的方程为 $9x^2+16y^2=144$.

（1）求椭圆 C 的焦点坐标；

（2）若直线 $y=kx+7$ 与椭圆 C 无交点，求斜率 k 的取值范围.

10.以原点 O 为顶点的抛物线焦点坐标为 $F(0,-1)$，如果经过焦点 F 的直线 l 其倾斜角为 $\dfrac{\pi}{4}$，直线 l 与抛物线交于 A,B 两点.

（1）求直线 l 的方程；

（2）求 $S_{\triangle ABO}$ 的大小.

11.顶点在原点，对称轴是 x 轴的抛物线经过点 $A(2,-4)$.

（1）求抛物线的标准方程；

（2）若动点 P 在抛物线上，直线 $l:y=x+10$，求动点 P 到直线 l 的最短距离.